ALEXA KRIELE
Es werde Licht
Mit den Engeln auf neuen Wegen zu Gott

GOLDMANN
Lesen erleben

Buch

Die Engel können uns Menschen nur in begrenztem Umfang führen und schützen. Ihre Möglichkeiten wachsen erheblich, wenn wir verstehen, dass unsere Seelen im Anfang der Schöpfung geschaffen wurden und dass wir uns inkarnieren, seitdem die Evolution dies ermöglicht. Erst wenn wir die Schöpfung realistisch verstehen, verstehen wir uns selbst mitsamt unseren Alltagsproblemen. Mit diesem Buch geben uns die Engel neue und sehr hilfreiche Orientierung.

Autorin

Alexa Kriele studierte Philosophie und Psychologie, war als Journalistin und im staatlichen Auftrag als Seminarleiterin für das gehobene Management tätig. Seit 1994 legt sie den Schwerpunkt ihrer Tätigkeit auf das Dolmetschen der Engel. Mit ihren vier Bänden »Wie im Himmel, so auf Erden« wurde sie als Engel-Autorin bekannt. Sie lebt mit ihrem Mann und ihren vier Kindern in Österreich.

Mehr über die Autorin erfahren Sie unter
www.alexakriele.de

Von Alexa Kriele ist bei Goldmann außerdem erhältlich:

Die Engel geben Antwort (22023)

ALEXA KRIELE

Es werde Licht

Mit den Engeln
auf neuen Wegen zu Gott

GOLDMANN

Verlagsgruppe Random House FSC® N001967
Das für dieses Buch verwendete FSC®-zertifizierte Papier
München Super liefert Arctic Paper Mochenwangen GmbH.

1. Auflage
Originalausgabe Juni 2014
© 2014 Wilhelm Goldmann Verlag, München,
in der Verlagsgruppe Random House GmbH
Copyright © bei Alexa Kriele
Umschlaggestaltung: UNO Werbeagentur, München
Umschlagmotiv: Getty Images Deutschland GmbH
mit Verwendung eines Gemäldeausschnittes der Autorin
Lektorat: Ute Heek, München
SSt · Herstellung: cb
Satz: Uhl + Massopust, Aalen
Druck und Bindung: GGP Media GmbH, Pößneck
Printed in Germany
ISBN: 978-3-442-22081-6

www.goldmann-verlag.de

INHALT

Vorwort

von Martin Kriele

Als Alexa im Jahre 1994 ihre Fähigkeit entdeckte, die Sprache der Engel zu »dolmetschen«, war sie nicht weniger überrascht als ich (ihr Ehemann) und unsere Freunde. Wo immer in der Geschichte der Mystik so etwas berichtet wurde – allein in der Bibel 177 Mal –, hatte man es mit ungewöhnlichen Menschen zu tun und nicht mit normalen, bodenständigen, an Vernunft und Wissenschaft orientierten Leuten, wie wir es sind. Alexa entstammt einer liberal-protestantischen Arztfamilie. Sie war nach Abschluss ihres Studiums als Manager-Trainerin für das österreichische Wirtschaftsförderungsinstitut und darüber hinaus als Journalistin tätig. Ich hatte mein ganzes berufliches Leben als Staatsrechtler in den Dienst der politischen Aufklärung gestellt. In diese Situation hinein erklärten uns die Engel, dass auch sie sich als Aufklärer verstehen und uns bitten, niederzuschreiben und zu veröffentlichen, was sie aufgeschlossenen Menschen sagen möchten! Das war schon sehr verwunderlich.

Anfangs blieben wir reserviert und stellten die Engel erst einmal auf die Probe: Wir fragten nach Umständen, die uns völlig unbekannt waren, die sich aber nachträglich überprüfen ließen. Es stellte sich heraus, dass die Antworten der Engel immer richtig waren. Und wenn sie fragenden Menschen Hinweise gaben, haben sich diese stets als sehr hilfreich bewährt. So konnten wir ausschließen, von dubiosen Mächten getäuscht zu werden.

Seit Februar 1995 gaben uns die Engel regelrechte Kurse über Hintergründe und Zusammenhänge unseres Daseins. Ich war als Fragesteller beteiligt.

Ich fragte zum Beispiel, ob es ein Leben nach dem Tod gibt: Ist unser geistig-seelisches Erleben nicht eine Funktion unserer materiellen Körperlichkeit, die erlischt, wenn der Körper nicht mehr lebensfähig ist? Antwort: Das Sterben bedeutet nicht den Tod. Der Mensch »*ist*« ja nicht ein Leib, der eine Seele »*hat*«. Er ist vielmehr eine Seele, die während ihres irdischen Daseins einen Leib hat. Beim Sterben verlässt sie den Leib, lebt also fort.

Diese Klarstellung öffnete das Tor zu immer tiefer dringenden Fragen, zum Beispiel: Was erlebt die Seele nach dem Sterben? Hat sie eine Erinnerung an ihr irdisches Dasein? Wie geht sie damit um? Kann sie sich erneut inkarnieren? Wann, wo und warum wird sie das tun? Wird sie von Engeln begleitet, die mit ihr Absprachen treffen? Welche Aufgaben und Absichten hat sie? Werden »gefallene Engel« versuchen, sie von ihrem Weg abzubringen?

Sowohl Alexa als auch ich hatten uns von Jugend an über die wichtigsten Erkenntnisse der Astronomie und der Evolutionslehre auf dem Laufenden gehalten. Wir gehen davon aus, dass der »Urknall« vor etwa 14 Milliarden Jahren stattgefunden und das Universum sich seither in unvorstellbare Weiten ausgedehnt hat. Da soll unser Dasein Sinn und Bedeutung haben und nicht bloß auf einer Kette von Zufällen beruhen?

Wir alle kennen das Gefühl unserer Unwichtigkeit angesichts der Weiten des Kosmos. Wir kennen auch die plötzliche Umschaltung auf die Wichtigkeiten unserer Lebenswelt: Ein Kind hat sich wehgetan, die Schwiegermutter bittet um Rückruf oder dergleichen. Es ist, als lebten wir in zwei Welten: im Universum und in der Lebenswelt unseres Alltags. Wie lassen die sich in Einklang bringen? Es ist doch ein und dieselbe Welt! Was sagen die Engel zu den Erkenntnissen der Naturwissenschaft?

Der Name des Engels, der uns für solche Fragen in erster Linie zur Verfügung steht, ist »Elion«. Ich überlasse jetzt ihm das Wort.

Martin Kriele, Frühjahr 2014

Einstimmung

Der Engel Elion: Wir sprechen in diesem Buch nicht über fern liegende Gegebenheiten, die sich so oder so verhalten mögen und euch gleichgültig sein können. Wir sprechen über euch selbst, über eure unsterbliche Seele, über ihre Herkunft und Zukunft, über Sinn und Aufgabe eures Lebens, über eure Absichten und Möglichkeiten, über euren Alltag und sein freudiges Gelingen, also über die Dinge, auf die es euch selbst am meisten ankommt. Denn je tiefer ihr euren Ursprung versteht, desto besser versteht ihr eure Zukunft und damit auch eure Gegenwart.

Die Schöpfung ist nicht etwas, das ihr bloß um euch herum vorfindet, sondern ihr seid selbst ein Teil von ihr. Sie geschieht ständig, und zwar auch mit euch und durch euch. Ihr seid Gottes Ebenbild auch insofern, als ihr euer Tun als Teilhabe am Schöpfungsprozess begreifen könnt. Ihr seid nicht nur Geschöpfe, sondern auch Mitschöpfer. Tag für Tag setzt ihr etwas von euren Wünschen, Zielen, Träumen in Wirklichkeit um.

Gewiss, ihr werdet auch von außen gedrängt, getrieben, herausgefordert. Ihr solltet aber das Von-innen-nach-außen als die Hauptrichtung eures Wirkens betrachten. Am Abend vor dem Einschlafen könnt ihr euch sagen: »Heute ist manches geworden, weil ich es so wollte. Ohne mich wäre es nicht.« Dann fügt die Frage hinzu: »Und was war mein heutiges Meisterwerk?« Wenigstens ab und zu tut ihr ja etwas Meisterliches. Das führt euch näher an den Schöpfer heran. Denn er ist ein Künstler, und wenn er etwas geschaffen hat, »sah er, dass es gut war«, wie es in der Genesis heißt. Er schuf Meisterwerke.

Tut das auf eurer Ebene auch. Tut nichts »irgendwie«, sondern erhebt den Anspruch, dass alles, was ihr tut, meisterlich und schön ist: eure Art euch zu bewegen, zu gehen, die Hand zu geben, den Tisch zu decken, eure Mimik und Gestik, eure Ausdrucksweise, euer Blick auf alles Schöne in der Welt. Auf diese Weise gewinnt ihr ein nahes Verhältnis zu Gott: »Ich verstehe dich und versuche im Kleinen auch meisterlich zu sein.«

Wagt also, eine gewisse Ähnlichkeit mit eurem himmlischen Vater für möglich zu halten. Einander nahe zu sein heißt: ähnlich zu empfinden. Der Liebende wird am anderen immer Ähnlichkeiten entdecken. Ihr seid als Gottes Ebenbild und Gleichnis geschaffen. Also seid ihr Gott ähnlich, und er ist euch ähnlich. Definiert ihr euch durch Herkunft, Beruf, Position und Titel, ist das ja nicht falsch. Wichtiger aber für euer Selbstverständnis ist, euch Gott ähnlich zu wissen.

Diese Ähnlichkeit beruht auf eurer Verwandtschaft: Gott

ist euer Vater. Das können Menschen zwar vergessen. Aber es liegt in eurer Freiheit, das Bewusstsein davon wieder aufleben zu lassen. Was würdet ihr tun, wenn eure Kinder euch verleugnen würden? Gott ist da sehr großzügig: Er wartet geduldig, bis ihr eure Verwandtschaft und Nähe erkennt und euch entsprechend verhaltet.

Als sein Ebenbild und Gleichnis sind auch die anderen Menschen geschaffen. Auch sie sind kleine Meister, sei es auch nur in einem Punkt. Begegnet ihnen mit der inneren Frage: Worin ist der andere Meister? Ist das nicht offensichtlich, sagt euch: Im Moment ist es noch nicht sichtbar; aber irgendwo wird er es sein. Kommt Zeit, kommt Umkehr, Entwicklung, Erlösung, Meisterschaft. Lasst ihm Zeit. Auch darin ähnelt ihr dann dem Schöpfer, der nach dem Fall der Engel beschloss, die Schöpfung nicht zurückzunehmen, sondern in Geduld ihre Heimkehr zu erwarten.

Schöpfung geschah nicht nur in der Vergangenheit, sie geschieht auch *jetzt*. Sie bewegt euch, zeigt euch Ziel und Lebenssinn. Sie beschenkt euch mit Hoffnung, Zuversicht, Vitalität, Tatkraft, Fülle, menschlichen Beziehungen, unerwarteten Fügungen, bunter Vielfalt. Selbst bei Krankheit oder in Leid und Not lässt sie Hoffnung und innere Souveränität wachsen. Setzt also Schöpfung in Alltag um!

In diesem Buch werden wir – ELmalach, Jerach, der Hohelehrer, und ich (Elion) – euch über einige grundlegende Fragen aufklären. Damit ihr euch über eure gegenwärtige Sicht der Dinge Klarheit verschafft, bitten wir, dass ihr eure Fragen und Antworten kurz notiert. Dafür ist von Zeit zu Zeit eine Leerseite vorgesehen. So werdet ihr vom konsumierenden Leser zum mitschöpferischen Partner: Nicht nur wir sprechen und ihr lest, sondern auch ihr sprecht, und wir werden lesen. Lasst eure Notizen einfach aufgeschlagen liegen. Wenn ihr in einigen Jahren euer Gedanken-Tagebuch wieder lest, werdet ihr erstaunliche Entdeckungen machen, die euch viel Freude bereiten werden.

Ich danke, dass wir sprechen dürfen.

Wissenschaft und Glaube

Zwei Weisen der Erkenntnis

Zwei Befindlichkeitsräume

M. K.: Haben die Erkenntnisse der neuzeitlichen Wissenschaft dem Gottesglauben die Grundlage entzogen? Die heiligen Schriften und Überlieferungen der verschiedenen Religionen sind ja in antike Weltvorstellungen eingekleidet, die durch Astronomie, Evolutionsbiologie und andere Wissenschaften als falsch erwiesen sind. Steht und fällt der Glaube mit ihnen? Oder lässt die Korrektur der antiken Weltvorstellungen den Glauben unberührt? Ermöglichen uns die neuzeitlichen Wissenschaften vielleicht sogar ein in mancher Hinsicht tieferes Verständnis des Glaubens? Führen sie uns, richtig verstanden, gar nicht von Gott weg, sondern näher zu ihm hin?

Elion: Wer im Glauben lebt, hat keinen Grund, sich deshalb den Erkenntnissen der Wissenschaft zu verschließen. Und der Wissenschaftler hat keinen Grund, sich dem Glauben zu verschließen.

Wir werden uns diesem Thema auf unkonventionelle Weise nähern. Wir fragen zunächst einmal: Was bedeutet es für das praktische Leben, ob sich ein Mensch mehr durch die Wissenschaft oder mehr durch den Glauben führen lässt – oder durch beides zugleich oder durch keins von beiden? Welche Möglichkeiten und Chancen eröffnen sich auf dem einen und dem anderen Wege, aber auch: Welche Gefahren und Risiken sind damit verbunden? Wie lebt es sich auf der einen Grundlage und wie auf der anderen? Was macht das mit einem Menschen?

Und was macht es mit ganzen Völkern und Kulturen? Wie wirken sich Glaube und Wissenschaft auf die Lebensverhältnisse insgesamt aus? Warum lebt der eine lieber so und der andere lieber so? In was für einer Befindlichkeit leben die einen und die anderen? Erscheinen euch diese Fragen spannend?

Ja, sehr.

Und was gilt für euch persönlich? Welche Probleme habt ihr mit dem Verhältnis von Wissenschaft und Glauben? Wie kommt ihr damit zurecht?

Notizen:

_____

_____

In eine innere Befindlichkeit könnt ihr euch begeben wie in eine Wohnung, in eine Kathedrale oder einen sonstigen Raum. Ein Befindlichkeitsraum hat eine Ausdehnung, eine Einrichtung, einen Stil, eine Farbe, einen Geruch, eine Machart, eine Melodie. Ihr könnt euch in ihm zu Hause fühlen oder ihn wieder verlassen. Ihr könnt euch auch in verschiedenen Befindlichkeitsräumen wohlfühlen und sie abwechselnd oder auch gleichzeitig bewohnen.

Werfen wir zunächst einen kurzen Blick auf die Befindlichkeit eines Wissenschaftlers. Sie ist durch verschiedene Tätigkeiten gekennzeichnet. Zum Beispiel trägt der Wissenschaftler durch Ausgrabungen oder durch Betrachtungen im Fernrohr oder im Mikroskop bestimmte Details zur Forschung bei. Meistens sitzt er am Schreibtisch mit einem Stapel Bücher oder am Computer und schreibt. Er referiert, kritisiert, diskutiert, verwirft Theorien, schlägt neue vor und so fort. Er tut das in dem Gefühl, an etwas Wichtigem zu arbeiten, und zwar gründlich und seriös, entweder im Team oder auf sich allein gestellt. Die Befindlichkeit eines Wissenschaftlers ist geprägt durch Arbeit, Mühsal und Routine.

Wenn wir den Befindlichkeitsraum des Glaubens betreten, unterscheidet der sich wesentlich von dem der Wissenschaft. Glauben ist keine Tätigkeit, sondern ein Grundvermögen, das den Menschen zuinnerst ausmacht. Der Glaubende steht in einer Beziehung zu Gott oder einer göttlichen Instanz (Mutter, Sohn, Heiliger Geist). Diese Beziehung ist die Voraussetzung für Tätigkeiten wie beten, meditieren, kontemplieren oder in Kommunikation mit Engeln treten. Der Glaubende wird auch Konsequenzen für seine Lebenspraxis ziehen. Das Glauben selbst ist aber keine Tätigkeit. Und es ist nicht eine Sache des Verstandes, sondern des Herzens.

Der Befindlichkeitsraum der Wissenschaft ist ein Thronsaal mit einem königlichen Thron. Das ist aber auch der Befindlichkeitsraum des Glaubens. Es gehört zur Natur des Menschen, dass ihr euch Fragen stellt wie die, »was die Welt im Innersten zusammenhält«, woher ihr kommt, wohin ihr strebt, was der Sinn des Lebens ist, welche Aufgaben der Mensch in diesen Zusammenhängen hat, warum etwas »gut« ist, was »Schönheit« ausmacht und so fort.

Ihr lebt aber auch noch in anderen Befindlichkeitsräumen, die eure alltägliche Lebenswelt ausmachen, zum Beispiel in dem der Heimat, der Familie, der Liebe, der Treue, der Freundschaft, der Kunst, der Musik, der Poesie.

Betrachtet einmal das Foto der Saturnringe, die die Cassini-Huygens-Sonde aus der Nähe aufgenommen hat. Das Bild zeigt ganz am Rand eure Erde als winziges Sternpünktchen. Könntet ihr eure Galaxis von außen fotografieren, erschiene auch die Sonne nur als ein solches Pünktchen. Und dann betrachtet die Fotos des Hubbleteleskops von Galaxien und schwarzen Löchern, die mehrere Milliarden Lichtjahre entfernt sind. Die Tiefe und Weite des Universums ist so ungeheuerlich, dass alle eure Wichtigkeiten dahinschmelzen. Die Menschen auf der Erde sollen in diesem Universum irgendeine Bedeutung haben, sich als »Krone der Schöpfung« verstehen dürfen, ja sogar als Gottes Ebenbild und Gleichnis? Das wird euch unmöglich erscheinen. Das ist nicht zu fassen, das kann euch niederschmettern und um eure innere Stabilität bringen.

Doch dann fällt euch ein: Ihr habt noch etwas Dringendes zu besorgen, das Kind hat Geburtstag, und der Anwalt hat um Rückruf gebeten. Plötzlich sind ganz andere Dinge wichtig. Ihr wechselt den Befindlichkeitsraum, springt in Gedankenschnelle hin und her.

Ihr lebt eben in mehreren Befindlichkeitsräumen gleichzeitig. Ihr feiert Weihnachten, Ostern, Pfingsten in der Kirche und geht unter der Woche ins Labor oder ins Büro. Während ihr am Radio den meteorologischen Wetterdienst hört, kommt euch Mörike in den Sinn: »Frühling läßt sein blaues Band wieder flattern durch die Lüfte ...«.

In den meisten Befindlichkeitsräumen sind ganz andere Fragen wichtig als die der Naturwissenschaftler. Wenn ihr die beantwortet, tun sich neue Fragen auf. Und wenn ihr euch um die bemüht habt, werden die Fragen immer unergründlicher. Zu all dem kann die Naturwissenschaft nichts sagen. Die Vielfalt und Komplexität der Welt ist unauslotbar.

Wenn ihr die ganz verschiedenen Befindlichkeitsräume miteinander zum Ausgleich bringen wollt, nehmt nicht den Verstand zu Hilfe, sondern die Poesie, zum Beispiel Eichendorffs Gedicht:

»Schläft ein Lied in allen Dingen,
die da träumen fort und fort,
und die Welt hebt an zu singen,
triffst du nur das Zauberwort.«

Alles schwingt, klingt und singt, alles, von den kleinsten Elektronen in den Atomen eures Körpers bis hin zum gesamten Universum. Denn alles verdankt sich demselben Schöpfer, und der war kein Uhrmacher oder Maschinenkonstrukteur, sondern ein Künstler.

Vielleicht kann ein Hinweis noch hilfreich sein: Das Größenverhältnis zwischen eurer Gestalt und den kleinsten Teilchen eures Körpers entspricht etwa dem Verhältnis zwischen eurem Körper und dem Universum. Ihr steht sozusagen in der Mitte. Diese Einsicht mag dazu beitragen, dass die Größe des Universums nicht mehr so erschreckend wirkt.

Es besteht ein Zusammenhang zwischen eurer Seele und dem Universum. Ich habe mit euch diese Wanderung durch die Befindlichkeitsräume in der Hoffnung unternommen, damit eure Neugier auf dieses Thema zu wecken.

Vertrauen

Um auf Erden tätig werden zu können, braucht ihr Vertrauen genauso wie den Herzschlag und den Atem. Der Mensch vertraut zunächst den Eltern und anderen Menschen, die zu ihm in Beziehung stehen. Er vertraut Vorbildern, Lehrern, Meistern, Politikern und Lebenspartnern. Vertrauen kann enttäuscht werden und richtet sich dann auf etwas Neues aus. Aber ihr könnt nicht aufhören zu vertrauen.

Aus dem Vertrauen entwickelt sich ein Glaube an die Sinnhaftigkeit des eigenen Tuns — wenn nicht an den von Gott gesetzten, dann an einen selbst gesetzten Sinn. Der Mensch glaubt dann zum Beispiel an den Fortschritt, an die Gerechtigkeit, an die Wissenschaft, an die Ordnung der Zahlen, an den eigenen Forschungsansatz, an die Funktionsfähigkeit der Apparate, an das Leben, an sich selbst, an »Führer« und an mancherlei sonst. Doch auch die Urform des Glaubens ist Vertrauen.

Ihr seid euch nicht immer bewusst, an wen oder was ihr alles glaubt, könnt euch aber durch ein wenig Reflexion darüber Klarheit verschaffen. Ich bitte euch, auch das einmal zu tun und hier zu notieren.

Notizen:

_____

_____

_____

_____

_____

_____

_____

_____

_____

_____

_____

_____

Der Vater schuf die Welt nicht wie ein Ingenieur, sondern als Künstler. Er hatte seine Innenwelt versonnen und mit Wohlgefallen betrachtet. Er setzte Teile davon aus sich heraus, weil er Freude daran hatte, dass ihm lebendige Wesen gegenüberstehen, als Erstes die himmlische Mutter, den Heiligen Geist und den Sohn, sehr bald auch die Engel und die Menschenseelen. Das mag euch zunächst verwunderlich klingen, aber ihr wollt ja wissen, wie wir Engel das sehen. Gott schuf also eine – zunächst noch nicht materielle – paradiesische Welt. Im Vertrauen darauf, dass auch sie Freude an ihrem selbstständigen Dasein haben werde, stattete er sie mit der Freiheit aus, die auch ihm zu eigen ist.

Im Gottesglauben lebt ihr euch hinein in euren eigenen Ursprung, in das Herausgesetztsein aus der Innenwelt Gottes. Das ist eine Gesamtbefindlichkeit, in die ihr mit euren Emotionen vollständig eintaucht: mit Freude, mit Liebe, mit Dankbarkeit, mit Vertrauen, mit Ehrfurcht und – im Blick auf eure eigene Neigung zum Missbrauch der Freiheit – mit Gottesfurcht. Im Glauben empfindet auch ihr, dass die Schöpfung ein Meisterwerk ist, ihr vollzieht den künstlerischen Schöpfungsakt nach. Da agiert nicht der Verstand mit Beweisgründen und logischen Schlüssen, da spricht das Herz. Ihr glaubt an dreierlei: an Gott, an seine gelungene Schöpfung und auch an euch selbst als Teil dieser Schöpfung, als »Ebenbild Gottes«. Euer Glaube ist gewissermaßen ein Echo des Schöpfungsakts Gottes.

Naturwissenschaftler machen es sich manchmal einfach,

indem sie Fragen, auf die die Naturwissenschaft keine Antwort finden kann, zum Beispiel die Frage nach dem Sinn eures Daseins, schlicht für unvernünftig und deshalb für unzulässig erklären. Doch dafür gibt es keinen vernünftigen Grund. Diese Ausflucht in die Banalität nimmt dem Leben die Lebendigkeit, die Würze, die Farbigkeit, die Fülle, die Spontaneität. Sie ist sehr unvernünftig. Fragt euch einmal, wie euer Leben verlaufen wäre, wenn ihr immer nur »vernünftig« (in diesem Sinne) gehandelt und reagiert hättet. Welchen Reichtum an Erlebnissen hättet ihr verloren? Wie liebenswert wäret ihr anderen erschienen?[1] Bitte notiert einmal eure Erfahrungen mit der Banalität des »Vernünftigen«.

Notizen:

_____

_____

_____

_____

_____

_____

_____

1 Siehe dazu: Martin Kriele, Gott und die Vernunft, 2008, S. 155–157

(handwritten note on card):
Dienstag
17.³⁰ - 19.⁰⁰
Leicht-
athletik
TU UoH

stanzen, Herz und Hirn, und diese
nlischen Vater und die himmlische

s herum: Das Hirn repräsentiert den
Mutter?

icht, und das ist wichtig. Mit »Herz«
Bereich der Emotionen, mit »Hirn«
meint manchmal, der Vater habe die
Welt mit ihren Naturgesetzen »kühlen Kopfes« geschaffen,
die Mutter habe die Liebe, das Schöne, das Gute hinein-
gebracht. Es war aber so:

Es kam zum »Fall« etwa eines Drittels der Engel und in
seiner Folge zum Sturz von Teilen der Schöpfung in die
Materie. Gott war tief erschüttert und zornig. Er erwog
ernstlich, die ganze Schöpfung zurückzunehmen. Jetzt war
es die Mutter, die ihn davon abbrachte. Sie gab ihm zu bedenken, dass zur Freiheit nun einmal das Risiko des Miss-
brauchs gehöre, dass sich die Schöpfung zur Heimkehr zurücksehne, dafür aber einen langen Weg brauchen werde.
Doch am Ende werde alles gut.[2]

2   Eine ausführliche Darlegung in: Alexa Kriele, Die Engel geben Antwort auf
    Fragen nach dem Sinn des Lebens, 2012, S. 45–52

Sie analysierte ganz sachlich die Kausalzusammenhänge, die zum »Fall der Engel« und seinen Folgen geführt hatten und die für die Erwartung sprechen, dass die Schöpfung wieder heimkehren werde. Sie war gewissermaßen die erste Wissenschaftlerin. Wenn ihr Wissenschaft betreibt, ahmt ihr nach, was die Mutter tat, als sie den Vater bat, die Schöpfung nicht zurückzunehmen.

Die Mutter fördert und hütet alles, was zur »Weisheit« gehört, in erster Linie den in der Glaubensgewissheit lebendigen Anteil des Wissens. Alles, was sie sagt und tut, ist von Weisheit durchdrungen. Ja, sie ist der Inbegriff der Weisheit. Es ist nur einer ihrer Aspekte, dass sie auch die modernen Wissenschaften hütet und fördert. Denn deren Erkenntnisse tragen ja wesentlich zur Weisheit bei.

Deshalb arbeiten von ihr gesandte Engel mit den Wissenschaftlern zusammen. Viele Forscher haben berichtet, wie ihnen nach langem, oft quälendem Suchen und Ringen der entscheidende »Einfall«, die fruchtbare Idee »gekommen ist«. Sie wussten plötzlich, von welcher Hypothese sie auszugehen hatten und machten die Entdeckung, dass die sich tatsächlich verifizieren ließ. Was lag da vor? Nun, es waren Engel der Mutter, die sie inspiriert hatten. Wenn ihr das wisst, wird euch klar sein, dass Erkenntnis durch Wissenschaft dem Glauben nicht widerspricht. Die Meinung, sie stehe ihm im Wege oder mache ihn gar unmöglich, ist schlicht und einfach ein Irrtum.

Durch die Wissenschaften lernt ihr, wie ihr die Welt

handhaben, was ihr mit ihr tun könnt und auch, was ihr zu unterlassen habt, wenn ihr eure Ziele erreichen wollt. Aus Erkenntnissen durch den Glauben lernt ihr, welche Ziele sinnvoll sind, welche Aufgaben euch gesetzt sind, um was es eigentlich geht, nämlich letztlich um die Heimführung der Schöpfung in Liebe und Freiheit.

Beides ist Erkenntnis, und beides gehört zusammen. Das ist der Kern der Botschaft Jesu Christi. Er war der Sohn Gottes, der am Werden der Welt mitgewirkt hat. Als er Mensch wurde, wirkte er als Heiler und Erlöser, aber auch als Lehrer. Indem er die Menschen lehrte, war er der Aufklärer schlechthin. Damit stieß er auf die Schwierigkeit, dass die Bereitschaft der Menschen, seine Schüler zu werden, zunächst einmal die Erkenntnis voraussetzt, wer er war. Es ging ihm darum, dass die Menschen »dich, den allein wahren Gott, *erkennen* und den, den du gesandt hast« (Johannes 17, 3). Und Johannes resümiert mit einem Unterton von Trauer und Bitterkeit im Prolog: »Er war in der Welt, und die Welt ist durch ihn geworden, und die Welt hat ihn nicht *erkannt*« (Joh. 1, 10).

Die Wissenschaften können euch zu dieser Erkenntnis nicht verhelfen. Ihr erfasst sie nicht mit dem Gehirn, sondern mit dem Herzen. Ihr braucht beides: Herz und Hirn. Ein vollständiger Mensch glaubt *und* forscht, glaubt *und* versteht. Es kommt darauf an, dass beides seinen Platz hat, so wie Vater und Mutter. Dann könnt ihr sonntags in die Kirche gehen und montags ins Labor. Dort könnt ihr euch über eure Zahlenkolonnen beugen und herausfinden, was wie funktioniert, und gleichzeitig aus dem Fenster blicken und Gott danken für diese wunderbare Schöpfung, die einerseits erforschbar und andererseits unausstaunbar ist.

Die Wissenschaft geht vom Menschen aus und setzt oft viel Mühe und Arbeit voraus. Der Glauben hingegen geht vom Himmel aus und widerfährt euch, ohne dass ihr das angestrebt und euch darum bemüht habt. Manche Menschen trifft er wie ein Blitz, der ein Feuer in ihnen entzündet. Wenn ihr vom Glauben ergriffen seid, solltet ihr versuchen, ihn zu verstehen und mit dem Verstand nachzuvollziehen. Sonst kann er ein Gefühl der Ohnmacht auslösen, das der Himmel nicht möchte. Er liebt logisches, exaktes Denken und Forschen, mit dem ihr euch »die Erde untertan« macht. Ihr solltet allerdings nicht in die Hybris verfallen, ohne Glauben, allein durch Wissenschaft Herr der Dinge werden zu können.

Wenn ihr Gott und seine Schöpfung erfassen wollt, geht es euch wie mit dem Regenbogen. Den seht ihr vor Augen, doch wer versucht ihn zu ergreifen, ist derjenige, der ergriffen wird. Ihr könnt den Himmel nicht mit dem Verstand erfassen, im Herzen aber lebt ihr mit ihm und er mit euch. Ihr erfahrt es ja täglich und braucht nur darauf aufmerksam zu werden. Mit dem Herzen erfasst ihr viel mehr, als der Kopf euch sagt.

Wenn ihr euch diese Zusammengehörigkeit von Herz und Kopf, von Vater und Mutter bewusst macht, werdet ihr zwar auf Widerspruch sowohl von Wissenschaftlern als auch von Gläubigen stoßen. Ihr habt dann das Gefühl, zwischen zwei Stühlen zu sitzen. Aber macht euch nichts draus. Auf längere Sicht wirkt ihr friedenstiftend und integrierend. Die Langzeitwirkung wird sich als die Stärkere, Kraftvollere und Bedeutsamere erweisen, weil sie dem Wahrheitsanspruch gerecht wird. Ein innerer Frieden, der sich auf Einseitigkeiten und Halbwahrheiten gründet, trägt nicht. Ein stabiler Frieden beruht auf integrierender Wahrheit.

Die Selbsterfahrung der Seele

Die Ich-Erfahrung

Elion: Nichts liegt euch so nahe wie die Erfahrung: Ich bin, ich denke, ich fühle, ich will. Die Ich-Erfahrung geht all eurem Denken, Fühlen und Wollen voraus und bleibt ihre Grundlage. Sie bedarf keiner Bestätigung durch wissenschaftliche Beweise, sie ist euch unmittelbar gegenwärtig. Schon das dreijährige Kind macht diese Erfahrung, wenn es etwas anderes will als die Eltern. Wenn jemand die Ich-Erfahrung bezweifelt, um sie einer kritischen Reflexion zu unterziehen, so kann er zu keinem anderen Ergebnis kommen als René Descartes: Ich denke, also bin ich – cogito ergo sum.

In der Ich-Erfahrung erfahrt ihr die reale Existenz eurer Seele. Wenn jemand etwas denkt, spielt sich das in seiner Innenwelt ab. Zu denken, es gebe nur die Außenwelt, nicht aber die Innenwelt, wäre also absurd, ein Widerspruch in sich. Die Verfechter der naturalistischen Weltanschauung denken das auch nicht ernstlich. Sie beschränken nur ihr Interesse auf Fragen über die Außenwelt, also auf Fragen, die der naturwissenschaftlichen Forschung zugänglich sind.

Übrig bleibt dann höchstens die Frage: »Leben andere Menschen auch in einer Innenwelt wie ich, oder gibt es diese Innenwelt nur in meiner Vorstellung?« Ich würde raten: Fragt sie einfach, denn selbst könnt ihr keinen Einblick in ihr Inneres nehmen. Ihr könnt nur vermuten, dass es sich bei ihnen ähnlich verhält wie bei euch: Ähnliche Selbsterfahrungen seien die Ursache von Mimik und Gestik und entsprechenden Äußerungen: wie in mir, so in anderen.

Die Selbsterfahrung der Innenwelt wirft aber sinnvollere Fragen auf. Bedenkt einmal, dass euer »Ich« zwar keine materielle, aber doch höchst reale Existenz hat. Es existiert unabhängig davon, ob ihr euch seiner bewusst seid oder nicht. Wenn ihr aus dem nächtlichen Tiefschlaf erwacht, seid ihr wieder dasselbe Ich wie am Tag zuvor. Auch über alle Altersstufen hinweg bis zum Sterben bleibt ihr dasselbe Ich, unabhängig von Reife und Lebenserfahrung, von guten und schlechten Tagen. In der Erinnerung – »damals habe ich das geglaubt…« – wird euch die objektive Realität des Ich anschaulich und gegenwärtig. Diese objektive Realität ist nichts anderes als eure unsterbliche Seele, die im »Ich« ihren Ausdruck findet.

Eure Seele ist ja eine Facette aus der Innenwelt Gottes, die er aus sich herausgesetzt hat. Von welch zentraler Bedeutung diese Herkunft ist, seht ihr daran, dass Gott sein Ich-Sein sogar zu seinem Namen machte: »Ich bin der ›Ich-bin-da‹ ... Dies ist mein Name« (Exodus 3, 14f). In eurer Ich-Erfahrung erlebt ihr also euren Ursprung in Gott, ihr braucht euch dessen nur bewusst zu werden.

Viele Menschen machen allerdings die Erfahrung: »Ich bin nicht der, der ich eigentlich bin. Ich habe meine Anlagen, Talente, Kräfte nicht zur Entfaltung bringen können.« Die Gründe können mannigfaltig sein: fehlende Ausbildung, der falsche Beruf, erlittene Not, Exil, menschliche Enttäuschungen (zum Beispiel der Großzügige wird ausgenutzt und fühlt sich als der Dumme). Das ist dann eine stete Quelle des Kummers.

Denn Gottes Name, »Ich bin der, der Ich-bin«, ist Programm, so wie der Name »Engel« (lat. *angelus* = der Bote) Programm ist. Jeder von euch hat einen ewigen Namen, den ihr einmal erfahren werdet. Viele von euch erleben: »Eigentlich sollte auch ich der sein, der ich meinem ewigen Namen gemäß bin. Kann ich das nicht leben, bin ich also fremdbestimmt, kann ich nicht glücklich und zufrieden sein.«

In solchen Fällen kommt es darauf an, so viele Tätigkeitsfelder für das »eigentliche« Ich zu finden wie möglich, also Freiräume und Freizeit dafür zu schaffen und zu nutzen. Macht euch keine Vorwürfe: Ihr seid nicht schuld, ihr seid nur diesmal am falschen Ort. Wenn der Schuh zu klein ist, hackt ihr euch ja auch nicht wie Aschenputtel die Ferse ab, sondern versucht hineinzupassen, so gut es eben geht.

Fragt euch selbst einmal: Bin ich der, der ich »eigentlich«

bin? Wenn nicht, was kann ich tun, um es so gut wie möglich werden zu können?

Notizen:

_____

_____

_____

_____

_____

_____

_____

_____

_____

Die Seele hat Pläne und Absichten, sie hat ein Wollen, Fühlen und Denken. Wichtig ist vor allem dreierlei: *Erstens*, dass euch in eurer Ich-Erfahrung eure Seele bewusst wird, *zweitens*, dass die Seele ihren Ursprung vor aller Zeit in Gott hatte, *drittens*, dass sie unsterblich ist.

Die objektive Existenz eurer Seele ist das, was euch in eurer Ich-Erfahrung am unmittelbarsten gegenwärtig ist und von jedem Menschen in jedem Gedankenschritt als selbstverständlich vorausgesetzt wird. Ausgerechnet das lassen die Verfechter des naturalistischen Weltbilds unbeachtet und unreflektiert. Für euer praktisches Leben ist aber wichtig, auch einmal den Fragen nachzusinnen, die die Selbsterfahrung der Innenwelt aufwirft.

Irdische Person und unsterbliche Seele

Die Seele wandert durch Inkarnationen und Exkarnationen zwischen Himmel und Erde hin und her. Ihr inkarniert euch jedes Mal in einer anderen Person. Wenn ihr euch dessen nicht bewusst seid, entsteht die Neigung, die Seele mit der Person zu identifizieren. Die Person kennzeichnet ihr mit Tag und Ort der Geburt, Name, Beruf, Familienstand. Doch das gilt nur vorübergehend, nur für die Dauer dieser Inkarnation. Um die Seele zu kennzeichnen, müsstet ihr die ganze Kette eurer Inkarnationen kennen.

Auch wenn sich die Seele an ihre früheren Inkarnationen nicht erinnert, ist sie von ihren damaligen Erlebnissen geprägt. Zum Beispiel werden einstmals geschlossene Freundschaften fortgeführt. Die alten Freunde suchen einander, ohne sich dessen bewusst zu sein. Sogenannte »Führungsengel« arrangieren die Begegnung. Diese kündigt sich häufig in Träumen und unruhiger Erwartung an, und wenn sie sich einstellt, erleben das beide in spontaner Klarheit. Aber auch Verletzungen und menschliche Enttäuschungen können nachwirken, z. B. in Abneigungen und Befürchtungen.

Alle Lebenserfahrungen sind mit schönen oder unangenehmen Emotionen verbunden. Wenn ihr euch an eine frühere Situation erinnert, tauchen auch diese Emotionen wieder auf, wenn auch nur flüchtig und fein kondensiert. Dieses Emotions-Konzentrat lebt fort, wenn sich die Seele von dem Körper und der Person gelöst hat und im Himmel weilt. Hier ist sie zwar bestrebt, sich zu läutern und von negativen Impulsen zu reinigen. Das wird auch gelingen, wenn sich die Seele selbst verzeiht und begreift, dass ihr auch vom Himmel vergeben ist. Aber Spuren können immer bleiben.

Manchmal werden sie in neuen Inkarnationen wieder virulent. Denn jede Seele lebt in Beziehungen mit anderen. Die Seelen erkennen sich wieder, wenn sie einander begegnen, so wie ihr Gesichter wiedererkennt. Das löst dann Sympathie oder Antipathie, Freude oder Erschrecken aus, und es mischt sich mit neuen Erfahrungen. Denn die Seele lebt ja nun in einem anderen Körper und in einer anderen Person mit deren genetischen und umweltbedingten Begrenzungen.

Eure Forscher haben viel darüber diskutiert, welchen Anteil die genetischen und welchen die umweltbedingten Faktoren am Verhalten eines Menschen haben. Vor allem der Vergleich der Lebensverläufe von eineiigen Zwillingen, die getrennt voneinander in verschiedenen gesellschaftlichen

Milieus aufwuchsen, hat gezeigt, dass der genetische Faktor den umweltbedingten übertrifft und dass deshalb die Möglichkeiten, das Verhalten des Menschen zu »konditionieren«, nur begrenzt sind.

Sie erscheinen allerdings noch begrenzter, wenn ihr berücksichtigt, dass es noch einen dritten Faktor gibt, die Seele, die die Forscher in ihrer Fragestellung außer Acht gelassen haben. Es verhält sich so: Auf die genetischen Bedingungen entfallen etwa 30–40 Prozent, auf die umweltbedingten 30 Prozent, auf die seelischen wiederum 30–40 Prozent.

Es hat einen guten Grund, dass sich der Horizont eurer bewussten Erinnerung meistens auf die jetzige Inkarnation beschränkt. Denn wenn ihr wüsstet: »Ich war einmal der und der«, könnte das sehr belastend wirken. Vielleicht habt ihr damals etwas Tüchtiges geleistet, oder ihr habt damals etwas Verwerfliches getan. In beiden Fällen kann die Erinnerung eure jetzige Lebenstüchtigkeit beeinträchtigen, entweder durch Selbstüberschätzung oder durch Selbstvorwürfe. Deshalb beantworten wir Engel euch keine Fragen nach früheren Inkarnationen, es sei denn, ihr habt sie selbst herausgefunden und bittet nur um Bestätigung.

Eine andere Frage ist, ob über die Tatsache der Reinkarnation auch grundsätzlich und in abstrakter Form geschwiegen werden sollte. Die christliche Tradition hatte einen guten Grund dafür: Der Mensch soll in diesem Leben festen Boden unter den Füßen gewinnen, seine jetzigen Aufgaben ernst nehmen und den ihm gestellten Ansprüchen nicht mit dem Argument ausweichen: Vielleicht ein andermal, es komme ja nicht darauf an. Diese Haltung war 2000 Jahre lang berechtigt. Wir Engel haben uns deshalb zurückgehalten. Doch das Schweigen über die Reinkarnation hatte auch eine ungute Folge: Es hat wesentlich zur Verbreitung des naturalistischen Weltbilds beigetragen.

Um den Glauben wieder verstehbarer zu machen, ist es unerlässlich, eine grundlegende Tatsache mehr und mehr im Bewusstsein zu haben: *Die Person stirbt, die Seele ist unsterblich.* Sie könnte nicht unsterblich sein, wenn sie ihren Ursprung in der biologischen Evolution hätte. Sie ist aber eine Facette der Innenwelt Gottes, die er aus sich herausgesetzt hat und die dereinst zu ihm zurückkehren wird, wenn sie durch viele Inkarnationen hindurch zu ihrer Vollständigkeit gefunden haben wird.

Wenn ihr das wisst, mixt ihr nicht aus fernöstlichen Religionen stammende Gedanken in den christlichen Glauben hinein (so der »Synkretismus«-Vorwurf), sondern ihr erkennt eine Tatsache an, die nun einmal gegeben ist, unabhängig davon, aus welchen Gründen die christliche Tradition darüber geschwiegen hat. Übrigens war die Reinkarnation Jesus und seinem Umfeld selbstverständlich. Das ist sogar biblisch belegt.[3]

Wenn ihr sterbt, bedeutet das nicht den Tod, sondern die

---

[3] Eine Erörterung dieses Themas in: Martin Kriele, Anthroposophie und Kirche, 1996, S. 64–80

Lösung der Seele von Körper und Person. Der Mensch »hat« nicht eine Seele, er *ist* die Seele und hat einen Körper. Beim Sterben tritt die Seele ins »Jenseits« ein.[4]

Löst euch bitte endlich von der Vorstellung, es gebe zwar nur die der wissenschaftlichen Erforschung zugängliche Evolution, nicht aber die göttliche Schöpfung, den »Himmel«, das »Jenseits«. Die Evolution war in der Schöpfung angelegt, ist aus ihr hervorgegangen und in ihre Zusammenhänge eingebettet geblieben.

Ergänzende Fragen

Du sagtest: Wenn sich die Seele im Jenseits von negativen Impulsen reinigt, können Spuren bleiben und in neuen Inkarnationen wieder virulent werden. Wie ist das zu verstehen?

Elion: Die Seele, die ihr verflossenes Erdenleben selbstkritisch durchleuchtet und mit Christus bespricht, wird nicht »heilig«. Sie wird zwar das Unrecht, das sie anderen zugefügt hat, einsehen, es wird ihr leidtun, und sie wird sich vornehmen, es in neuen Inkarnationen wieder gutzumachen, sobald sich eine Gelegenheit dazu ergibt.

Etwas anderes aber ist es mit dem Unrecht, das ihr von anderen zugefügt worden ist. Das kann Verletzungen ver-

---

4 Siehe dazu: Alexa Kriele, Mit den Engeln über die Schwelle zum Jenseits, Bernhard Jakoby fragt, die Engel geben Antwort, 2004, S. 47–78

ursacht haben, die nicht so leicht heilen. Stellt euch zum Beispiel vor: Ein Kind wuchs bei verständnislosen, brutalen Eltern auf oder gar: Ein Mensch wurde gefoltert und bei lebendigem Leibe verbrannt. So etwas lässt sich nicht vergessen. Wenn die Seele den Verantwortlichen begegnet, wird sie das Gefühl haben, das nur mit Mühe zu ertragen. Sie kann sogar in Panik geraten. Im Jenseits ist sie zwar nicht der Versuchung zur Rache ausgesetzt. Aber das schließt nicht aus, dass die Begegnung Schrecken, Antipathie, Kummer und innere Not hervorruft.

Angenommen, die verständnislosen Eltern sind im Jenseits einsichtig geworden und begegnen der Seele, der sie eine so schwere Kindheit bereitet haben, so wird diese etwa sagen: »Eure Nähe wird mir schwer. Wollen wir versuchen, künftig freundlicher miteinander umzugehen?« Also die Seele ist noch verletzt, aber der Ton wird angenehmer. Angenommen, die Menschen, die Folter und Scheiterhaufen zu verantworten haben, begegnen der Seele ihres Opfers, so wird diese nicht einmal zu einem solchen Ton in der Lage sein, sondern etwa sagen: »Das kann ich nicht verwinden, ich bin bis ins Innerste verletzt«, und wird sich abwenden.

Also das Jenseits ist nicht das Paradies. Es gehört zwar zum Himmel, aber es ist dessen unterste Sphäre: der Aufenthaltsort menschlicher Seelen zwischen zwei Inkarnationen, wo es gilt, die Erfahrungen mit der gefallenen Schöpfung zu verarbeiten und sich auf neue Erfahrungen vorzubereiten.

Wenn sich die Seele wieder inkarniert, so sind ihre Motive konstruktiv: Sie will etwas vom Himmel auf die Erde bringen. Sie ist natürlich noch immer schmerzgezeichnet, ihr Ansatz hat etwas Wehmütiges: Was kann ich tun, damit es auf Erden besser wird? Wenn sie dann aber wieder inkarniert ist, so wird ihr auch wieder ein sogenannter »Doppelgänger« beigestellt, das heißt: ein gefallenes Wesen, das dauernd versucht, den Menschen in Versuchung zu führen, ihm z. B. den Wunsch nach Vergeltung einzureden.

Wie gehen wir am stimmigsten damit um?

Genauso, wie ihr auch mit dem Unrecht umgehen solltet, das euch nicht in einer früheren, sondern in der jetzigen Inkarnation zugefügt wurde. Mein Rat ist: Bewahrt eure Würde und bleibt bei der Wahrheit: »Es war Unrecht.« Es ist nicht angebracht, das nicht ernst zu nehmen und zu unterstellen: »Alle wollen das Beste, es ist alles gut.« Rettet euch in kühle Sachlichkeit und wohlerzogene Kultiviertheit. Wenn ihr das beherzigt, verbessert sich die Chance, dass das euch angetane Unrecht eingesehen und wieder gutgemacht wird. Nehmt ihr es aber zum Anlass, selbst etwas Unrechtes oder Bösartiges zu tun oder zu sagen, ja nur zu denken, so setzt ihr damit den anderen bis zu einem gewissen Grad ins Recht. Schlimmer als Unrecht leiden ist Unrecht tun. Weist den Doppelgänger in seine Schranken.

Wie, wenn wir uns bereits zu bösartigen Gegenangriffen haben hinreißen lassen?

Dann geht in eure innere Kirche – oder auch in eine äußere Kirche – und bittet den anderen im Angesicht des Himmels um Verzeihung. Ihr braucht ihm nicht zu sagen oder zu schreiben, dass es euch leidtut, es genügt, dass ihr es im Innern tut. Ihr werdet sehen, dass das Wirkung zeigt.

Heißt das, wir sollten aus Egoismus beten?

Elion in heiterem Ton: Ja, denn das erhöht die Wahrscheinlichkeit, dass ihr es wirklich tut.

Wie, wenn wir nicht mit Menschen hadern, die Unrecht getan haben, sondern mit Gott, der das zugelassen hat?

Dann haltet euch vor Augen, dass Gott die Dynamik der verletzten Schöpfung nicht außer Kraft setzen kann, weil seine Schöpfung auf das Prinzip »Freiheit« gegründet ist. Als er auf Bitten der Mutter beschloss, diese Schöpfung trotz des »Falls« bestehen zu lassen, hat er sich und den ganzen Himmel daran gebunden, die Freiheit auch der dunklen Wesen bedingungslos zu respektieren. Wir Engel sind unermüdlich bestrebt, das Schlimme zum Guten zu wenden und immer neue Ansätze dafür zu finden.

Fragt euch bitte einmal:

Aus welchen Anlässen hatte ich schon das Gefühl, vom Himmel enttäuscht zu sein?

Ist aus diesen Anlässen schließlich doch etwas Sinnvolles geworden, ist das schon sichtbar?

Notizen:

_____

_____

_____

_____

_____

_____

_____

_____

_____

_____

_____

_____

_____

GLAUBEN UND WISSEN

Die Zukunftsorientierung des Glaubens

W *ie unterscheidet sich die Glaubensgewissheit von wissenschaftlichem Wissen?*

Der Engel Jerach (ein Herz-Jesu-Engel, der innige Liebe und Warmherzigkeit ausstrahlt): Wenn ihr das Wort »glauben« verwendet, so meint ihr oft: Etwas vermuten oder hoffen, obwohl man es nicht weiß. Was man in diesem Sinne glaubt, kann richtig oder falsch sein, glauben ist dann weniger als wissen. Für uns Engel ist glauben mehr als wissen. Was wir Engel glauben, war niemals korrekturbedürftig oder strittig, es ist für uns alle dasselbe und war es zu allen Zeiten. Wir sind beispielsweise alle auf Gott, den einen Schöpfer, und auf Christus ausgerichtet. Das gilt auch für diejenigen Engel, die Angehörige nicht christlicher Religionen oder auch bekennende Atheisten durchs Leben begleiten. Selbst die gefallenen, von Gott abgewandten Engel kennen die Wahrheit, sie unterscheiden sich von uns nur darin, dass sie es interessanter finden, ihr zu trotzen.

Anders als für uns Engel ist es für euch Menschen schwierig, Gewissheit zu erlangen. Es kann etwas wissenschaftlich erwiesen und dennoch falsch sein, wie euch die Wissenschaftsgeschichte zeigt. Man musste wissenschaftliche Erkenntnisse und vermeintliche Wahrheiten immer wieder korrigieren, oft sehr grundlegend. Ebenso kann auch das, was Angehörige verschiedener Religionen oder esoterischer Strömungen glauben, mehr oder weniger wahr oder falsch sein. Wenigstens ein Körnchen Wahrheit ist allerdings immer darin, nämlich das Wissen, dass es Dinge zwischen Himmel und Erde gibt, von denen sich eure Wissenschaft nichts träumen lässt.

Ihr habt aber auch die Möglichkeit, an dem Glauben der Engel, zumindest an ihrem wesentlichen Kern, teilzuhaben. Denn in euren Seelen schlummert eine Erinnerung an die ursprüngliche Schöpfung, an das nicht materielle Paradies und die Ereignisse, die mit dem »Fall der Engel« eingetreten sind. Eure Seelen sind ja dabei gewesen. Wir Engel versuchen, diese schlummernde Erinnerung zu wecken, sie euch bewusst zu machen und euch damit auch die Gewissheit zu geben: Am Ende der Zeiten wird die Schöpfung zum himmlischen Vater heimkehren, es wird alles gut werden. Eure Hoffnung ist dann nicht bloß eine Erwartung ins Ungewisse hinein, sondern ein sicheres Wissen. Diese Glaubensgewissheit reicht also über euer jetziges irdisches Leben hinaus. Sie ist viel sicherer als es wissenschaftliche Erkenntnisse oder Prognosen je sein können.

Wenn ihr glaubt, ist es so ähnlich, wie wenn ihr ein Kind habt, das zwar schlechte Noten heimbringt, weil es ein Träumerlein ist, nicht lernen mag, sich nicht konzentrieren kann. Aber ihr wisst: Es schlummern gute Anlagen und Fähigkeiten in dem Kind, Samenkörner, aus denen etwas Tüchtiges und Schönes wachsen und erblühen wird. Viele berühmte Leute sind in ihrer Kindheit schlechte Schüler gewesen.

Also im Glauben wisst ihr von den »Samenkörnern«, die noch gar nicht sichtbar sind. Die Samenkörner dieser Zukunft beginnen zwar schon in der Gegenwart zu sprießen, doch ihr Wachstum beginnt ganz klein. Sie warten darauf, sichtbar zu werden, werden es aber erst in naher oder ferner Zukunft sein. Es ist, als komme der Glaubende aus der Zukunft und betrete die Gegenwart mit einem viel freudigeren Blick als der Nichtglaubende.

Der Nichtglaubende kann das Ende aller Entwicklungen nicht kennen, weil die schlummernde Erinnerung an den Anfang in ihm noch nicht zum Bewusstsein erwacht ist. Sein Blick zurück reicht nicht weiter als der Blick der Naturwissenschaft, etwa bis zum »Urknall«. Im Blick auf die Zukunft kann er dann überhaupt nichts Sicheres sagen. Seine Prognosen kennen nur Eventualitäten – *wenn* dies oder jenes eintritt, *dann* könnte das und das die Folge sein. Allenfalls lassen sich kurzfristige Wahrscheinlichkeiten vermuten. Die Zukunft liegt nicht in Reichweite der Wissenschaft.

Betrachtet einmal den Unterschied zwischen einem Psychologen und einem Seelsorger. Der Psychologe befasst sich mit der Psyche der Person und ihrer Vorgeschichte, vor allem mit ihren Belastungen und Traumata. Der Seelsorger hat die ewige Seele im Blick, von der der Psychologe nichts weiß. Er kommt aus der Zukunft und schaut auf den gegenwärtigen Menschen mit aller Zuversicht. Er weiß, was in diesem Menschen noch verborgen ist, was da werden kann, was zu wachsen und zu blühen anfängt. Er weiß: Diese Seele wird eines Tages zum Vater heimkehren, und spätestens dann wird offenbar werden, dass auch sie ein strahlend schönes Meisterwerk des Schöpfers ist.

Die dunklen Hierarchien (die gefallenen Engel), die euch in Gestalt des »Doppelgängers« begleiten, versuchen immer wieder, euch einzureden: Die Wissenschaftler hätten die Zukunft im Griff, zwar noch nicht ganz, aber das sei nur eine Frage des weiteren wissenschaftlichen Fortschritts. Doch diese verzerrte Perspektive kann immer nur zu neuen Enttäuschungen führen. In Zukunftsfragen kann die Wissenschaft zu keiner Gewissheit finden.

Die »Naturalisten« machen sich zunutze, dass die Kirche den Eindruck erweckt, immerzu in die Vergangenheit zu blicken, vor allem das Leben Jesu ins Gedächtnis zu rufen. Was sich vor rund 2000 Jahren ereignete, liegt aber normalerweise durchaus in Reichweite der Wissenschaft. So gibt man sich »seriös«: Ehe man annimmt, dass sich da ein Offenbarungsgeschehen vollzog, das nur im Glauben zu erfassen ist, will man erst mal die historischen Fakten prüfen, das heißt oft auch, den von der Kirche verbreiteten Glauben infrage stellen.

Deshalb ist es vor allem wichtig, dass ihr die Kirche richtig versteht. Sie ist nicht dazu da, eine Tradition zu pflegen, vergleichbar der Verwaltung eines Stadtarchivs oder einer Chronik der Welfen und ihrer Denkmäler. Sie will zwar historische Ereignisse im Gedächtnis bewahren. Sie feiert aber beispielsweise Weihnachten nicht bloß deshalb. Indem sie Weihnachten feiert, ereignet sich die Geburt Christi im Himmel und im Innern der Menschen jedes Jahr erneut. Das einstige Ereignis wird wieder und wieder zur lebendigen Gegenwart. Dasselbe Verhältnis von Vergangenheit, Zukunft und Gegenwart habt ihr auch in der Karwoche, zu Ostern und an den anderen Hauptfesten des Kirchenjahres. Das zu wissen, lässt eure zuversichtliche Hoffnung auf die künftige Heimkehr neu erblühen.

Auch die Messfeier erinnert zwar an die damalige Wandlung von Brot und Wein in Leib und Blut Christi. Aber der Priester vollzieht diese Wandlung tatsächlich erneut. Die gesamte himmlische Welt feiert die christlichen Feste und die Wandlung gemeinsam mit euch. Ich füge noch hinzu: Weil das Jahr für Jahr lebendige Realität ist, entschließen sich jedes Mal mehr gefallene Engel zur Umkehr und bitten um Aufnahme in die Gemeinschaft der lichten Engel. Diesem Ersuchen wird sofort stattgegeben. Das bringt die Heimkehr der Schöpfung Jahr für Jahr einige Schritte näher.

Es ist wesentlich, dass die Inkarnation des Gottessohnes auf Erden tatsächlich stattgefunden hat. Aber es ist nicht wesentlich, wann und wo genau das war. Solche Fragen mögen die Historiker interessieren, und wenn sie es herausgefunden haben, mag euch das berühren. Aber letztlich kann euch das egal sein. Wichtig ist: Die Geburt Christi fand tatsächlich statt, damit trat die große Zeitenwende ein, die eure Hoffnung auf Heimkehr zur Gewissheit macht.

Den Evangelisten ging es nicht um das soziale Ansehen, das schon damals den Geschichtsschreibern entgegengebracht wurde. Sie wollten vielmehr die Kunde verbreiten, dass sich in Jesus Christus die biblischen Prophetien des kommenden Messias erfüllt hatten. Ihre Gewissheit, dass in ihm der Gottessohn Mensch geworden war, hing zwar nicht davon ab. Sie wussten aber, dass sich viele Juden an den Merkmalen orientierten, mit denen die Propheten den Messias ausgestattet hatten. Diese Merkmale waren weder eindeutig noch einhellig, aber sie gaben öfter Anlass zu dem Hinweis, dass »das geschah, damit die Schrift erfüllt werde«.

Den Evangelisten kam es also nicht auf die Genauigkeit der historischen Fakten an, sondern auf die Stimmigkeit der Entsprechungen. Wie das zu verstehen ist, mag euch die Weihnachtsgeschichte anschaulich machen, wie sie Lukas erzählt, der gar kein Jude war. Die Hirten auf dem Feld vernahmen die Botschaft des Engels und den Jubelchor, den die Engel anstimmten. Es ist stimmig, dass der Glaube der Hirten durch Inspiration geweckt wurde.

Ebenso stimmig ist, dass das Kind in einer Futterkrippe lag, dass die Geburt also in einem Stall oder einer Grotte stattgefunden hat. Damit ist angedeutet, dass auch das Tierreich vertreten war. Es kommt nicht darauf an, ob Ochsen und Esel oder auch Schafe und Ziegen dabei waren. Ebenso stimmig ist, dass jeder, der kam, Zutritt fand und das Kind erblicken konnte. Es kommt nicht darauf an, wie viele Menschen gleichzeitig Raum fanden oder wie lang die Schlange war, die sie bildeten. Wesentlich ist nur: Als der Gottessohn Mensch wurde, kam er sowohl zu den Menschen als auch zur Natur und ihren Geschöpfen.

Wenn ihr die Zukunftsorientierung des Glaubens im Blick habt, so werden euch auch andere Fragen gleichgültig lassen wie zum Beispiel: Ist Jesus in Bethlehem geboren oder nahebei oder gar in Nazareth? Fand die Geburt Christi womöglich vier oder gar sieben Jahre vor Christi Geburt statt? Und so fort. Auf das alles kommt es nicht an.

Inspiration, Mythos und Gegeninspiration

Beruhen die heiligen Schriften auf Inspiration?

Elion: Die heiligen Schriften der Menschheit, die den verschiedenen Religionen zugrundeliegen, sind »heilige Schriften«, wenn und soweit ihre Verfasser vom Himmel inspiriert waren und der Menschheit ewige Wahrheiten vermitteln sollten. Das bedeutet aber nicht, dass die Inhalte des ganzen Buches vom Himmel inspiriert sind. Ihre Verfasser erzählten auch menschengemachte Mythen.

In manche Passagen des Alten und des Neuen Testaments flossen Vorstellungen von Erde und Kosmos ein, die dem damaligen Weltbild entsprachen. Diese Mythen beanspruchten gar nicht, Tatsachen mitzuteilen oder gar wissenschaftliche Erkenntnisse wiederzugeben. Deshalb störten auch Widersprüche und Unvereinbarkeiten nicht. Denkt zum Beispiel an die Erzählung von Adam und Eva, die mit dem – wirklich inspirierten – ersten Schöpfungsbericht nicht übereinstimmt, und an die Aufzählung ihrer Nachkommen. Woher hatten denn Kain und sein Sohn Henoch ihre Frauen?

Ihr habt es aber nicht nur mit Mythen zu tun, sondern von Zeit zu Zeit auch mit Gegeninspirationen vonseiten der dunklen Mächte. Die Verfasser der Bibel waren Menschen, die – wie alle Menschen – auch unter dem Einfluss ihrer Doppelgänger standen. Diese wollten das biblische Gottesbild vom liebenden und geduldig wartenden Vater verfinstern und schilderten Gott als grausam und ungerecht strafenden, zu brutaler Gewalt aufrufenden Despoten. Oder sie wollten einfach nur Verwirrung stiften. Nur ein Beispiel: Die Verse Matth. 27, 52–53 schildern, dass sich nach dem Kreuzestod Jesu die Gräber öffneten, die Leiber der Verstorbenen hervorkamen und nach Jerusalem wandelten. Das ist natürlich Unsinn.

Oder sie wollten die Menschen zu Rache und Grausamkeit anstiften. So heißt es beispielsweise im 137. Psalm aus Verzweiflung über die Babylonische Gefangenschaft: »Tochter Babel, gesegnet, wer dir vergilt, was du uns Böses getan hast. Gesegnet, wer deine Kinder ergreift und sie zerschellt an den Felsen.« Oder sie riefen Gott zur Grausamkeit gegen die Feinde auf: »Du sollst sie zerschlagen mit einem Stab aus Eisen, sie in Stücke schlagen wie ein Gefäß aus Ton« (Psalm 2,5).

Die Vertonung dieses Verses in Händels »Messias« (Ziff. 38) ist die einzige einfallslose, hölzerne Stelle des Werks.

Natürlich, da konnten Engel nicht inspirieren, und der Komponist konnte nur noch Handwerk abliefern.

Ihr findet also in der Bibel einerseits die tiefsten und bedeutsamsten Wahrheiten, andererseits aber auch ihnen direkt widersprechende Irrtümer, alles unvermittelt nebeneinander. Solche Einschübe sollten euer Vertrauen in die Wahrheit des Evangeliums nicht erschüttern. Sie geben euch aber Anlass, die Urteilskraft zu entwickeln, die euch die Prüfung der Geister ermöglicht.

Es ist wichtig, dass die Vertreter der verschiedenen Religionen diese Vermischung von Wahrem und Falschem in den heiligen Schriften einsehen und sich gegenseitig zugestehen. Auf dieser Basis werden die menschlichen Bemühungen sinnvoll, die heiligen Schriften zu interpretieren.

Die Aufgabe ist dann, herauszuarbeiten, was himmlischer Inspiration zu verdanken und deshalb wahr und wesentlich ist, und das Falsche auf sich beruhen zu lassen. Nur wenn die naiven Fundamentalisten nicht tonangebend sind, können die Religionen auf Dauer friedlich und in gegenseitigem Respekt zusammenleben.

Kann die Wissenschaft bei dieser Interpretationsarbeit hilfreich sein?

Ja, gewiss, das ist sie auch. Allerdings werden die Gegenmächte versuchen, euren Blick vor allem auf das Falsche zu lenken, damit ihr den Schluss zieht, in den heiligen Schriften sei alles falsch, es gebe gar keine vom Himmel inspirierten Wahrheiten. Die Behauptungen, die sich dort fänden, seien lediglich Hypothesen und daraufhin zu prüfen, ob sie sich mit wissenschaftlichen Methoden beweisen ließen. Da das nicht der Fall sei, hätte das Ganze als widerlegt – als »falsifiziert« – zu gelten.

Das ist natürlich Unsinn, denn die himmlisch inspirierten Wahrheiten der heiligen Schriften liegen gar nicht in Reichweite der Wissenschaft – weder Ursprung noch Zukunft der Schöpfung – und folglich auch nicht das Offenbarungsgeschehen in geschichtlicher Zeit. Alle Glaubensgewissheit gründet sich auf ein inneres Wissen.

Die himmlischen Inspirationen nehmen ihren Ausgang von der Geschichte der Schöpfung, die dem sogenannten

Urknall *voranging*. Sie wecken die in euren Seelen schlummernde Erinnerung daran – ihr seid ja dabei gewesen. Sie vermitteln euch auf diese Weise Verständnis für Sinn und Aufgabe eures Daseins und erfüllen euch mit Glaube und zuversichtlicher Hoffnung auf die künftige Heimkehr der Schöpfung zum Vater.

Die menschliche Urteilskraft ist durchaus in der Lage zu erkennen, ob ein biblischer Text vom Himmel oder von der Gegenseite oder überhaupt nicht inspiriert, sondern von Menschen erdacht ist. Ebenso ist sie in der Lage, die logische Widersprüchlichkeit der Annahme zu durchschauen, es gebe überhaupt keine Inspirationen, weder lichte noch dunkle. Diese Annahme beruht auf der Prämisse: Aussagen, die wissenschaftlich prinzipiell nicht beweisbar sind, könnten nicht als wahr akzeptiert werden. Dann müsste also die Behauptung, es gebe keine Inspirationen, selbst beweisbar sein und dürfte sich nicht nur auf weltanschauliche Vorannahmen stützen.

Diese Vorannahmen haben im 19. und 20. Jahrhundert zu seltsamen Schlussfolgerungen geführt. Das in der Bibel geschilderte Leben Jesu sei in keinem Punkt erwiesen. Die Wunder, die Auferstehung, das Erscheinen im Auferstehungsleib, die Himmelfahrt, die Geistsendung, das Damaskuserlebnis des Paulus könnten unmöglich stattgefunden haben. Das Johannes-Evangelium stamme nicht von Johannes, sondern sei lange nach seinem Tod entstanden, und zwar in der Absicht, die inzwischen entstandene Gemeindepraxis zu rechtfertigen. Auch die anderen Evangelien und die Briefe des Neuen Testaments seien völlig unglaubwürdig. Sie seien gar nicht so gemeint wie geschrieben, sie beruhten auf Übersetzungsfehlern, ihre Urheber hätten getrickst und gefälscht. Die Kirchenväter seien auf den ganzen Schwindel hereingefallen und hätten ergänzende, ebenso unsinnige Behauptungen aufgestellt und so weiter und so fort.

Also die Kirche sei wie ein Kind, das keine Eltern hat, denn diese ließen sich historisch gar nicht auffinden. Unzählige Menschen folgern daraus: Der von ihr übermittelte Glaube sei »Humbug«, sei »Quatsch«, sei »Illusion«, sei für einen »heutigen«, »aufgeklärten« Menschen nicht mehr annehmbar. Das wisse doch heute jeder erwachsene Mensch.

Doch das waren Exzesse, deren Haltlosigkeit in der Theologie längst eingesehen wurde. Sieht man von solchen fahrlässigen Übergriffen ab, ist das Nebeneinander und Miteinander von Glaube und Wissenschaft kein Problem. Viele gläubige Menschen sind hervorragende Wissenschaftler, und die »idealen« Wissenschaftler sind sich bewusst, dass sie gerade durch ihre wissenschaftlichen Erkenntnisse die Ehrfurcht wecken, die den Glauben erst möglich macht.

Annäherung durch Widerlegung des Falschen

Kann die Wissenschaft überhaupt Gewissheit erlangen?

Elion: Wenn ein technischer Apparat zuverlässig funktioniert, kann man sagen: Die Grundvoraussetzungen für ein Funktionieren sind richtig erkannt worden. Bei komplizierten Geräten ist dem meist ein Prozess des »Trial-and-Error« vorausgegangen, d. h., es wurden allerlei Möglichkeiten ausprobiert und als falsch erkannt, bis die richtige übrig blieb. Es gab beispielsweise viele Versuche, ein Fluggerät zu konstruieren, die alle misslangen, bis man darauf kam, dass es auf die Form der Flügel ankommt.

Das Gleiche erlebt der Arzt, der eine schwierige Diagnose zu stellen hat. Er nimmt allerlei Messungen vor, die ihm sagen, dies ist es nicht, jenes auch nicht, wahrscheinlich hat der Patient also die Krankheit, die nicht ausgeschlossen werden konnte. Ganz gewiss ist das dann auch nicht, es könnte auch eine bisher noch unbekannte Krankheit sein.

Man kann generell sagen: Die Wissenschaft findet zu sicheren Erkenntnissen, indem sie feststellt, was *jedenfalls nicht* ist oder – mit Blick auf die Vergangenheit – wie es *nicht* gewesen sein kann. Diese Vorgehensweise ist nicht zu unterschätzen, sie bedeutet eine sehr solide, schrittweise Annäherung an die Wirklichkeit. Diese Annäherung hat sich als überaus hilfreich erwiesen. Ihr verdankt ihr unter anderem die Erkenntnis, dass Krankheiten nicht durch den früher üblichen Aderlass zu heilen sind. Auf der Basis dieser Erkenntnis habt ihr bessere Methoden der Vorbeugung und der Heilbehandlung gesucht und gefunden. Entsprechendes gilt für viele andere Gebiete der Naturwissenschaften und auch der Erfahrungswissenschaften.

In all diesen Disziplinen waren Annahmen vorherrschend, die die Forscher »falsifiziert«, d. h. als falsch erwiesen haben. Daraufhin kam man zu neuen Annahmen, doch diese wurden oft wiederum als falsch erkannt. Schließlich kam man zu Annahmen, die – jedenfalls einstweilen – nicht falsifiziert sind. Dieser Prozess des Fortschritts nahm von Zeit zu Zeit sehr grundsätzliche Wendungen, ihr pflegt dann von »Paradigmenwechseln« zu sprechen.

Das alles ist völlig in Ordnung und nicht zu beanstanden. Doch solltet ihr nicht aus dem Auge verlieren, dass ihr es mit Annahmen zu tun habt, die immer nur vorläufig gelten. Der Fortschritt hängt ja davon ab, dass ihr immer offenbleibt für die Möglichkeit neuer Falsifikationen und neuer Hypothesen.

Wirkt der Himmel durch Inspirationen an der Entwicklung der Wissenschaft mit?

Ja. Es gibt Fälle, in denen ein Forscher nicht nur weiß, wie es jedenfalls *nicht* ist, sondern in denen er positiv weiß, wie es ist. Viele Forscher berichten: Nach langem, mühsamen Suchen, das sie fast verzweifeln ließ, half ihnen die Intuition oder eine Inspiration auf die Sprünge. Sie hatten plötzlich und unverhofft den alles entscheidenden »Einfall«, eine »Erleuchtung«, ein »Aha«-Erlebnis, eine »geniale« Idee. Intuitionen und Inspirationen sind immer verifizierend, nicht falsifizierend. Sie vermitteln das Wissen, wie sich etwas wirklich verhält. Auf diesem Wege ist die Wissenschaft in manchen Fragen über unwiderlegt gebliebene Hypothesen hinaus zu wahren Erkenntnissen gekommen. Da handelte es sich um Interventionen aus der Sphäre der Engel.

Inspirationen sind Kostbarkeiten, mit denen der Himmel von Zeit zu Zeit einen zäh und gründlich arbeitenden Wahrheitssucher beschenkt, um durch seine Vermittlung die Menschheit voranzuführen. Forschern, denen das widerfahren ist, bleibt dann immer noch die Aufgabe, ihre Erkenntnis so zu belegen, dass sie auch von ihren Kollegen akzeptiert werden kann. Sie selbst sind sich schon gewiss, dass ihre Erkenntnis richtig ist, auch wenn ihnen der Beweis noch gar nicht gelungen ist.

Früher, zur Zeit der Herrschaft des mechanistisch-materialistischen Weltmodells, nahm man an, der Glaube schlüpfe immer in die »Lücken« des wissenschaftlich noch nicht Erkannten. Mit den Fortschritten der Wissenschaft müsse er immer weiter zurückweichen und sich in die noch verbliebenen Lücken verkriechen – bis auch diese Lücken geschlossen sein werden.

Dieser Vorwurf ist zwar berechtigt, wenn Gläubige meinen, die zeitbedingten Weltvorstellungen der Bibelverfasser seien als tatsächliche Gegebenheiten zu verstehen, die entgegenstehende Annahme der Wissenschaft sei deshalb falsch. Solche Vorstellungen findet ihr selbst heute noch bei einigen islamischen, jüdischen und auch christlichen Fundamentalisten. Sie sind natürlich unhaltbar.

Doch die verallgemeinernde Lückentheorie ist ebenso töricht. Sie geht ja davon aus, dass der Glaube widerlegt sei, wenn er durch die Wissenschaft nicht erwiesen ist. Das setzt voraus, dass Fragen wie die nach der Schöpfung, der Trinität, der Offenbarung, der schlussendlichen Heimkehr der Schöpfung überhaupt in Reichweite der Naturwissenschaften liegen könnten. Wer das annimmt, fühlt sich nur im Befindlichkeitsraum der Naturwissenschaft wohl und ist überzeugt, dass die nach außen führenden Türen verschlossen seien. Sie sind aber offen.

Erkenntnis durch Glauben

Gibt es also »Erkenntnis durch Glauben«, und wenn ja, inwiefern ist das etwas anderes als Wissen?

Elion: Glauben und Wissen sind zweierlei. Ihr könnt glauben ohne zu wissen oder manches wissen, ohne zu glauben oder auch glauben mit sehr viel Wissen. Ihr könnt in verschiedenen Befindlichkeitsräumen zugleich zu Hause sein. Durch die Religionswissenschaft erlangt ihr Wissen: Ihr lernt, was Menschen zu verschiedenen Zeiten, in verschiedenen Kulturen geglaubt haben und was sie heute glauben. Das hat mit glauben nichts zu tun.

Wer glaubt, lebt in einer inneren Kommunikation mit Gott oder einer anderen Person der himmlischen Trinität. Dieses Erlebnis bedeutet für ihn die unmittelbare Erfahrung: So gewiss, wie ich »ich« bin, so gewiss ist mein himmlischer Dialogpartner »du«, und so gewiss ist auch, dass ich für ihn »du« bin und er von sich »ich« sagt. An diese Gewissheit knüpfen weitere an, zum Beispiel dass mein Gebet nicht ungehört bleibt, auch wenn der Himmel meine Bitten mit Rücksicht auf die Freiheit nicht erfüllen kann.

Wer im Glauben lebt oder zu ihm zurückfindet, hat meistens die Erfahrung gemacht: Es gibt Erkenntnisquellen, die nicht im Kopf angesiedelt sind. Es gibt *erstens* Visionen von himmlischen Gegebenheiten, zum Beispiel die Wahrnehmung von Engeln mit den »inneren Augen«. Diese Wahrnehmung unterscheidet sich deutlich von Träumen, Fantasien oder Illusionen, jedenfalls für den, der sie erlebt hat. Es gibt *zweitens* das Hören mit den »inneren Ohren«, also Inspirationen, Fügungen, auch »die Stimme des Gewissens«. Und es gibt *drittens* das intuitive Erfassen von wesentlichen Wahrheiten. So wusste Petrus auf die Frage Jesu, wer er sei, spontan: »Du bist Christus, der Sohn des lebendigen Gottes.« Die Bibel berichtet häufig von Begebenheiten, in denen zwei oder alle drei dieser Erkenntnisquellen zugleich sprudelten, zum Beispiel bei der Verkündigung Mariens oder bei der Begegnung des Paulus mit dem Auferstandenen vor Damaskus.

Dem Glauben liegen also menschliche Erfahrungen zugrunde, die eine Einsicht, ein Erstaunen, ein Aha-Erlebnis, eine Erleuchtung ausgelöst haben. Eine solche Erfahrung ist ein sehr tief greifendes Erlebnis. Es berührt euch schon, wenn ihr entsprechende Berichte von anderen Menschen hört oder lest.

Dann allerdings bedarf es einer zweiten Stufe: der kritischen Prüfung durch den Verstand. Diese sollte sich an drei Hauptkriterien orientieren. *Erstens*: Fügt sich die Erfahrung in den uralten Strom des Menschheitswissens ein? *Zweitens*: Führt sie zu Lobpreis, Wertschätzung, Respekt und Würdigung des Schöpfers und aller Geschöpfe? *Drittens*: Wirkt sie kultivierend und bildend, erzieht sie zum Guten?

Vor diesem Hintergrund vertraut der Glaubende auf die Urteilskraft und Wahrhaftigkeit der Menschen, die Jesus Christus selbst erlebt und darüber berichtet haben, sei es während seines irdischen Wirkens, sei es während seines Auftretens im Auferstehungsleib oder – wie Paulus – sogar noch nach seiner Himmelfahrt. Er vertraut auch auf die Urteilskraft der Gläubigen, die diesen Zeugen geglaubt und ihre Überzeugung mit größten Opfern bezahlt haben, und mit ihnen vertraut er auf Gott.

Fragt euch selbst einmal: Welche ergreifende Erfahrung hat mich für den Glauben geöffnet? Wer oder was hat sie ausgelöst? War es zum Beispiel ein Sonnenuntergang, ein Regenbogen, ein Glückserlebnis, ein Buch, ein Vortrag, eine Predigt, ein vorbildliches Verhalten, ein Akt der Dankbarkeit oder der Verehrung? Was genau hat euch da ergriffen?

Notizen:

_____

_____

_____

_____

_____

_____

_____

_____

_____

_____

_____

Die Glaubensgewissheit ist der Felsen, auf den ihr euer Haus oder die Kirche bauen könnt. Aber damit habt ihr es noch nicht gebaut. Ein stabiles Haus könnt ihr nur bauen, wenn ihr die Glaubensgewissheit mit Wissen zusammenbringt. Es gilt vor allem zu wissen, dass – und möglichst auch warum – Gott und seine himmlischen Helfer niemals in die Freiheit der Menschen eingreifen, und dass sich deshalb eure Bittgebete oft nicht erfüllen lassen.

Es gilt aber auch zu wissen, welche irdischen Vorkehrungen nötig sind, um euer Leben zu erhalten. Ohne dieses Wissen könnte die Glaubensgewissheit zum Beispiel dazu verleiten, das Säen und Ernten zu unterlassen, weil der Herr doch gelehrt hat: »Sehet die Vögel unter dem Himmel, sie säen nicht und ernten nicht, und euer himmlischer Vater ernährt sie doch« (Matth. 6,26). Die Christenheit wäre elendiglich verhungert, wenn sie nicht gewusst hätte, was zu tun und wie ein solcher Satz zu interpretieren ist. Damit hat sie den Befindlichkeitsraum des Glaubens nicht verlassen, sondern ihn mit Wissen zusammengeführt.

Viele Menschen haben ihn heute verlassen und suchen Gewissheit in der Wissenschaft.

Das hat seinen Grund im Streben nach *Vereinfachung.* Die Entwicklung der wissenschaftlich-technischen Zivilisation wurde ja vor allem von dem Motiv angetrieben, den Menschen das Leben einfacher zu machen, zum Beispiel sie von schwerer körperlicher Arbeit zu entlasten, sie unabhängiger von Tag und Nacht zu machen, Entfernungen leichter zu überbrücken, die Kommunikation zu vereinfachen, die Wirkung von Unfallgefahren und Krankheit zu mildern, um nur einige Beispiele zu nennen. Das ist gut und schön, es ist ja bei euch auch schon weitgehend gelungen.

Ein Nebeneffekt ist aber, dass man auch das theoretische Verständnis der Welt immer einfacher machen will. Man will, wie ihr das nennt, »Komplexität reduzieren«. Das aber wird weder der Komplexität der Schöpfung noch der des Schöpfers noch der des Menschen gerecht. Der Blick auf die Vielfalt geht damit verloren.

Manche Naturwissenschaftler gehen über das, was sie wissen und wissen können, hinaus und machen euch »philosophische« Angebote zur Welterklärung, die *ganz einfach* sind, beispielsweise: »Es gibt Naturgesetze, die der Materie innewohnen. Die Gravitation hat zum Urknall und damit zum Universum geführt. Aus dem Wasserstoff ist alles andere hervorgegangen. Bei günstigen Bedingungen entsteht aus Materie Leben. Durch Mutation und Selektion kommt es zur Evolution des materiellen Gehirns. Dieses bringt Geist, Kultur und Wissenschaft hervor.« So einfach ist der »philosophische« Rahmen dieser Weltanschauung: »Das ist halt so, da gibt es nichts zu staunen und zu fragen.« Kompliziert erscheinen dann nur die Details, die die Wissenschaft Stück für Stück erforscht.

Kritiker wenden ein: »Mit dem Kopf könnt ihr Wirklichkeit erfassen, aber mit dem Herzen erfasst ihr gar nichts. Eure Emotionen haben ihren Ursprung in euren Wünschen und gaukeln euch etwas vor, was es gar nicht gibt.« Was sagt ihr dazu?

Dreierlei. Zunächst: Es ist ja richtig, dass ihr euch im Befindlichkeitsraum des Glaubens viel wohler fühlt als außerhalb. Das beweist nicht den illusionären Charakter des Glaubens. Es könnte ja sein, dass ihr euch dort deshalb wohler fühlt, weil ihr im Glauben Wirklichkeit erfasst.

Sodann ist zu fragen: Welche Wünsche motivieren die Kritiker zur Ablehnung des Glaubens? Der Kopf zwingt sie ja nicht zu der Überzeugung, die Welt sei gottlos, das Leben sinnlos und ohne Trost und Hoffnung. Motiviert sie die Wahrheitsliebe? Diese ist im tiefsten Grunde Gottesliebe und führt mit der Zeit zu Gott zurück. Da spielen aber noch andere Motive hinein. Man will tapfer die Illusionslosigkeit aushalten, gegen die Familientradition rebellieren, sich den Vorfahren überlegen wissen, im Trend stehen, mit der Zeit gehen, zur Mehrheit gehören, anerkannt sein und so fort. Das ist alles nachvollziehbar und verständlich, lässt aber die Frage, ob der Glaube die Wirklichkeit erfasst, völlig unberührt.

Schließlich und vor allem: Der Befindlichkeitsraum des Glaubens fühlt sich anders an als der der Illusion. Der Unterschied ist nicht so eklatant, dass er schon bei oberflächlicher Betrachtung auffällt, es gilt, auf Feinheiten zu achten.

Denn es sagt ja keiner: »Ich fantasiere mir jetzt einen Gott zusammen« oder »ich erträume ihn mir«.

Wer Glauben mit Fantastereien verwechselt oder gleichsetzt, hat nur flüchtig hingeschaut und den Unterschied zwischen Illusion und vorgegebener Wirklichkeit entweder gar nicht wahrgenommen, oder er findet ihn zu klein, um relevant zu sein. Aber der Chemiker wird doch auch nicht sagen: Arsen oder Magnesium – egal, das sind beides chemische Elemente. Kleine Unterschiede können sehr relevant und bedeutsam sein.

Ihr könnt auch mal in den Befindlichkeitsraum des Fantasierens eintreten und spannende Zaubergeschichten erfinden. Euer Held wird tun und lassen, was ihr möchtet, ihr habt die Macht, ihn siegen oder sterben zu lassen. Den Befindlichkeitsraum des Glaubens hingegen könnt ihr nicht nach Belieben einrichten, ihn nicht erfinden, sondern nur entdecken.

Notizen:

DAS SCHÖPFUNGSPRINZIP FREIHEIT

Das Allmachtsparadox

Elion: Das Universum funktioniert nicht wie eine riesige Maschine, und Gott gleicht nicht einem Ingenieur, der sie konstruiert hat. Die Schöpfung ist eher einem Kunstwerk vergleichbar. Der Schöpfer versteht sich selbst als Künstler und im Verhältnis zu seinen Geschöpfen als liebender Vater.

Als er aus seinem Zustand der versonnenen Selbstbetrachtung erwacht war, empfand er Freude bei dem Gedanken, er könnte sich ein lebendiges Gegenüber schaffen, indem er Teile seiner Innenwelt aus sich heraussetzt. Er erwog allerdings, dass er das auch verschieben oder ganz sein lassen könnte. Er konnte sich so oder so entscheiden, je nachdem, was ihm am meisten Freude bereiten würde. Dieser Gedanke entzückte ihn so sehr, dass er beschloss, seiner Schöpfung das Prinzip der Freiheit zu verleihen, es geradezu zu ihrem Wesensmerkmal zu machen.

Ich füge hier ein, dass ich mich bildhaft ausdrücke, und

zwar so, als hätte es vor der Schöpfung schon Zeit gegeben. Aber anders kann ich euch nicht vermitteln, worauf es in diesem Zusammenhang ankommt.

Gott schuf zunächst eine nicht materielle Welt: unter anderem die Engel und die Menschenseelen – alle mit Freiheit ausgestattet und selig in einem Paradiesgarten lebend. Ein Teil der Engel fand es interessant, von der Freiheit Gebrauch zu machen und zu sehen, was geschieht, wenn sie sich von Gott abwenden. Sie wünschten sich ein »Drama«. Ihr wisst ja, was geschah: Ein Teil der Schöpfung fiel aus der ihr eigenen freudig schnellen Schwingung in eine langsamere Schwingung und stürzte in die Materie – ein Vorgang, den eure Astrophysiker bildlich als »Urknall« beschreiben. Es knallte allerdings nicht. Doch es kam zur Ausdehnung und Evolution des Universums und später zur biologischen Evolution, in die sich schließlich auch die Menschenseelen hineininkarnieren konnten. Es kam zu dem ständigen dramatischen Konflikt zwischen den von Gott abgewandten, ihm widerstreitenden und den ihm zugewandten Mächten.

Anfangs war Gott über diese Folgen des Prinzips Freiheit so bestürzt, dass er ernstlich erwog, die ganze Schöpfung zurückzunehmen. Das hätte ja in seiner Macht gestanden. Doch die himmlische Mutter beschwichtigte seinen Zorn. Sie hielt ihm vor Augen, dass sich die ganze Schöpfung zu ihm zurücksehne und warum ihre freiwillige Heimkehr mit Gewissheit zu erwarten sei, wenn auch erst auf längere Sicht. So machte er von seiner Allmacht in der Weise Gebrauch, dass er beschloss, die Rücknahme der Schöpfung zu unterlassen.

Was ich euch hier berichte, haben Engel vor langer Zeit schon Menschen der Frühkultur mitteilen können. Daher rührt euer Sprachgebrauch von »Materie«: Er drückt das Wissen aus, dass das Leben in der materiellen Welt der Mutter zu verdanken ist. Dieses Wissen kam auch in den alten Mutterreligionen und in dem Sprachgebrauch von der »Mutter Erde« zum Ausdruck.

Gott hat also die Entscheidung, die Schöpfung bestehen zu lassen, nicht aus Schwäche getroffen, sondern damit sie *in Freiheit* zu ihm heimkehren kann. Dann werdet ihr ein euch noch unvorstellbares Maß an Seligkeit, Freude und Liebe erfahren. Das bedeutete aber, den Missbrauch der Freiheit in Kauf zu nehmen – und somit auch das Walten der dunklen Mächte.

Die lichten und die dunklen Mächte ringen auch um euch. Ihr seid ja nicht nur in der gefallenen Welt inkarniert. Ihr seid durch euren Sonnenengel auch in der himmlischen Welt verankert. Ihr seid darüber hinaus mit einer größeren Zahl von Engeln ausgestattet, die in den Innenräumen eurer Seele wirken, und zudem noch mit Engeln, die euch von außen begleiten und durch Inspirationen schützen und leiten.

So lebt ihr ständig – jeden Tag, jede Stunde – zwischen den Impulsen von beiden Seiten und habt euch zu entscheiden. Die Impulse des Doppelgängers strömen laut und zudringlich auf euch ein, die Impulse der lichten Wesen sind leise und werden euch meist nur in Stille und innerer Sammlung vernehmbar.

Wie ihr euch jeweils entscheiden werdet, ist nicht mit Sicherheit vorherzusehen, ihr wisst es meistens selbst nicht im Voraus. Aber es zu beobachten ist spannend. Gott hat es eurer Freiheit überlassen. Seine Entscheidung für die Freiheit gilt unverbrüchlich, und zwar nicht nur für uns Engel, sondern auch für ihn selbst. Nicht einmal Gott könnte das Prinzip der Freiheit durchbrechen, ohne sich zu sich selbst in Widerspruch zu setzen. Er hat sich in seiner Allmacht selbst daran gebunden und somit darauf verzichtet, von Fall zu Fall einzugreifen.

Diese Entscheidungsmacht infrage stellen hieße, Gottes Allmacht infrage stellen. Dieses Allmachtsparadox anzuerkennen fällt euch schwer, aber es ist die Voraussetzung dafür, dass ihr den christlichen Glauben richtig versteht.

Hat es dann noch Sinn, Gott um etwas zu bitten?

Ja, aber nur, wenn es in einer reifen und nicht in einer törichten Weise geschieht.

Stellt euch bitte einmal vor, ihr befändet euch in einer sehr unangenehmen Situation und bittet Gott, zu euren Gunsten einzugreifen. Er würde euch zuhören, euch vielleicht zustimmen: »Ja, das ist sehr ärgerlich.« Aber er kann nicht eingreifen. Könnte er es, wäre er ein Despot. Denn wenn er für euch eingreifen würde, müsste er für alle eingreifen, die ihn darum bitten. Würde er nur für einige Auserwählte etwas unternehmen, wäre die Frage: Für wen und für wen nicht? Für die, die besonders brav sind oder die es besonders frech fordern oder die die Ersten waren?

Wenn Gott je eingreifen würde, würde er immer »unschuldig schuldig« werden. In einer so komplexen, verwobenen Realität kann es ein gerechtes Eingreifen aus der Dimension Gottes nicht geben. Wenn ihr als Menschen eingreift, ist die Wirkung sehr begrenzt. Selbst wenn ein mächtiger Despot etwas unternimmt, kann das zwar jahrhundertelang für Millionen Menschen Auswirkungen haben, aber mehr auch nicht. Doch wenn Gott spricht, ist das immer grundlegend, es geht immer ums Ganze. Er kann das nicht bloß für euch oder für Herrn Meyer oder Frau Müller tun. Gott ist persönlich, aber er ist nicht privat zu haben. Er ist kein Engel. Er kann nicht für euch Partei ergreifen – weder im Krieg noch in einer innenpolitischen oder juristischen Auseinandersetzung. Selbst wenn er dazu geneigt wäre, würde er sich beherrschen und sich nicht einmischen. Er kann und er will das Prinzip der Freiheit nicht infrage stellen. Denn er hat in seiner Allmacht beschlossen, dass es in seiner Schöpfung unangefochtene Geltung hat.

Bittet ihr ihn trotzdem, zu euren Gunsten einzugreifen, so bringt ihr erstens ihn in eine unangemessene Position, zweitens macht ihr euch selbst klein wie ein Kind, was wiederum für euch unangemessen ist. Das wäre töricht.

Was wäre dann eine reife Form, ihn zu bitten?

Es ist so ähnlich, wie wenn ihr eurem irdischen Vater eure Probleme vortragt. Stellt euch vor, er ist ein älterer Herr, der sich aus dem Gerangel des Alltags zurückgezogen hat, der aber erfahren und weise ist. Wenn ihr ihm sagt, was bei euch schiefgelaufen ist, ist er *erstens* für euch da und hat Zeit für euch. *Zweitens* hört er zu und interessiert sich für euer Problem. Und *drittens* lächelt er euch liebevoll an, erzählt von ähnlichen Erfahrungen, gibt Anregungen, tröstet und stärkt euch: »Ich glaube an dich, ich bin mir sicher, dass du das schaffst.«

Wenn ihr Probleme habt, die euch unlösbar erscheinen, glaubt ihr nicht wirklich an euch, sonst hättet ihr das Problem nicht. Jedes Problem kommt aus der Enge, aus der Angst, aus dem Gefühl: Ich bin mir meiner nicht sicher. Deshalb ist es so hilfreich, wenn der Vater an euch glaubt, euch beruhigt, euch stärkt.

Gott kann vielleicht noch sagen: »Ich schicke dir noch zwei Engel zu Hilfe« oder: »Suche dir ein paar Wichtel, die mitgehen«, oder: »Sage dem Schutzengel, er möge besonders gut aufpassen, denn es wird brenzlig« oder: »Herrsche den Doppelgänger an, damit er etwas zurücktritt, er maßt sich zu viel Macht an«. Vor allem aber wird er sagen: »Erinnere dich, wer du bist, vor allem wes Vaters Kind du bist. Mach dir das klar. Denn ich glaube an dich.«

Dann könnt ihr aufatmen und zu der Größe gelangen,

zu der ihr fähig und auch verpflichtet seid. Dann werdet ihr die Situation meistern können.

Das Symbol des Kreuzes

Wenn ihr betet: »Dein Reich komme, Dein Wille geschehe wie im Himmel so auf Erden«, so ist das etwas anderes, als wenn ihr sagen würdet: »Dein Reich kommt, Dein Wille geschieht, es ist auf Erden so wie im Himmel.« Nein, so ist es nicht, und deshalb bittet ihr: Es möge so kommen, Dein Wille möge geschehen, es möge auch auf Erden wieder so werden, wie es im Himmel ist.

Ihr sagt damit aber mehr als: Lass Du es so geschehen. Ihr bringt zum Ausdruck: »Es ist auch *mein* Wille, dass Dein Reich komme und Dein Wille geschehe. Ich sehne mich danach. Mein Wille vereint sich mit Deinem Willen. Ich verstehe mich als Bindeglied zwischen Himmel und Erde, ich weiß, dass ich die Aufgabe habe, Deinen Willen geschehen zu lassen, dass ich dafür verantwortlich bin, ob und in welchen Zeiträumen er geschieht, ob er wenigstens in meinem Verantwortungsbereich gleich heute geschieht oder nicht. Ich weiß, es kommt Dir darauf an, dass sich Deine Geschöpfe aus Einsicht und in freier Entscheidung Dir zuwenden und schließlich heimkehren werden.«

Die Freiheit, ein Grundprinzip der göttlichen Schöpfung, gilt vorbehaltlos, ohne Wenn und Aber. Als Gott auf

Bitten der Mutter beschloss, die Schöpfung nicht zurückzunehmen, sondern sie bestehen zu lassen, tat er das in der Gewissheit, dass sie in Freiheit zu ihm zurückkehren werde. Darauf kommt es ihm an. Deshalb entspricht dem Allmachtsparadox das *Paradox der Freiheit*, nämlich die Verpflichtung des ganzen Himmels, die Freiheit der dunklen Wesen zu respektieren. Deshalb erträgt Gott, dass es so viel Leid in der Welt gibt, dass selbst dem Gottessohn so viel Schmerz zugefügt werden konnte.

Als Jesus im Garten Gethsemane betete: »Wenn es möglich ist, lass diesen Kelch an mir vorübergehen, doch nicht wie ich will, sondern wie Du willst« (Matth. 26, 39), unterstellte er nicht die Möglichkeit, der Vater wolle ihn leiden sehen, sondern die Möglichkeit, er könne das Prinzip der Freiheit ausnahmsweise einmal durchbrechen und seinen Verfolgern in den Arm fallen. Das war ein aus der Not geborener menschlicher Aufschrei, den er im gleichen Atemzug wieder verwarf.

Und als er am Kreuz ausrief: »Mein Gott, mein Gott, warum hast Du mich verlassen?« (Matth. 27, 40), zitierte er den 22. Psalm, der mit diesen Worten beginnt. Der weitere Text beschreibt dann eine der seinigen vergleichbare Situation und mündet in das Bekenntnis der Glaubensgewissheit. Seine Lage war ausweglos, sein Tod am Kreuz unabwendbar, und trotzdem gab er sein Vertrauen in den Vater nicht auf.

Es waren die Umstehenden, die schrien: »Er steige herab vom Kreuz, dann wollen wir an ihn glauben« (Matth. 27, 42). Sie hatten nicht begriffen, dass Gott seine Allmacht durch das Prinzip der Freiheit beschränkt hat: Sie konnten sich die göttliche Allmacht nicht anders vorstellen als in der Ausübung äußerer Macht.

Bis heute verstehen das alle diejenigen nicht, die meinen: Wenn Gott nicht machtvoll eingreift, sei er kein liebender Vater – und wenn er das nicht sei, sei er überflüssig und vielleicht gar nicht existent. Wer immer Gottes Allmacht als die Macht zum Eingreifen deutet, sät für die Zukunft den Atheismus.

Warum ist denn das Kruzifix zu einem Symbol des christlichen Glaubens geworden? Warum übt dieses schreckliche Bild eine so gewaltige Anziehungskraft auf die Herzen von Millionen von Menschen auf allen Kontinenten aus? Warum seht ihr in der Dornenkrone ein Symbol für die Königskrone Christi? Warum beginnt ihr das Kirchenjahr mit dem Christkönigsfest? Weil im Bild des Gekreuzigten die Gottessohnschaft Christi anschaulich wird. Jesus Christus war Gott und Mensch zugleich, er war der inkarnierte, das heißt: der fleischgewordene Sohn Gottes. Als Mensch nahm er lieber die Passion und den Kreuzestod auf sich, als auch nur einen Schritt auf das dunkle Gegenprinzip hin zu tun.

Das Innerste seines Wesens ist die Liebe. Diese Liebe ist so unendlich groß, dass sie die Achtung der Freiheit, auch die der dunklen Hierarchien und der von ihnen beeinflussten Menschen zu umfassen vermag.

Was viele Menschen an Gott zweifeln lässt, ist, dass er nicht eingreift, wenn Schreckliches geschieht. Sie meinen, er könne deshalb nicht gleichzeitig gütig und allmächtig sein: Entweder sei er allmächtig, dann sei er grausam, oder er sei gütig und leide mit, dann sei er ohnmächtig und bedeutungslos – das sogenannte Theodizeeproblem. Doch das Symbol des Kreuzes zeigt: Er greift auch dann nicht ein, wenn sein geliebter Sohn von den Grausamkeiten selbst unmittelbar betroffen ist und dafür auch noch verspottet wird. Die Herzen der Menschen sind davon so tief berührt, weil sie besser als der Verstand erfassen, dass sich darin seine grenzenlose Liebe offenbart – nicht fehlende Macht oder fehlende Güte, sondern sein Vertrauen in die schlussendliche Heimkehr der Schöpfung, und zwar ungezwungen, in völliger Freiheit.

Die Freiheit und die Wissenschaften

Die Unberechenbarkeit menschlicher Entscheidungen

Elion: Von der Wissenschaft erwartet ihr mit Recht, dass sie Möglichkeiten, Chancen und Risiken im Voraus erkennt, sodass ihr euer Verhalten darauf ausrichten könnt und soweit wie möglich Sicherheit findet. Doch die Wissenschaft stößt an Grenzen, sobald es darauf ankommt, die Entscheidungen von Menschen verlässlich vorherzusagen. Menschen verfügen über die Freiheit, sich in jeder Situation so oder so zu entscheiden, und zwar nicht nur zwischen Gut und Böse, sondern auch zwischen Alternativen, denen nichts Böses anhaftet. Ihr wisst oft nicht einmal, wie ihr selbst euch in einer kritischen Situation entscheiden werdet, geschweige denn, wie das andere Menschen tun werden. Es lässt sich nur vermuten.

Fragt euch einmal: Würde ich mein Leben opfern, wenn ich damit das Leben eines Freundes/ eines Angehörigen/ eines Kindes/ meines Kindes retten könnte? Wie sicher bin ich mir?

Notizen:

_____

_____

_____

_____

_____

_____

_____

_____

_____

Um die Vermutung zur Wahrscheinlichkeit zu steigern, fertigt ihr Statistiken an: So und so viele Prozent der Bürger eines Landes heiraten, haben 2,5 Kinder, lassen sich scheiden, heiraten erneut, wählen »links« oder »rechts«, bevorzugen das Stadt- oder das Landleben usw. Aber damit wisst ihr noch nicht, wer sich so entscheiden wird. Und die Statistiken gelten nur für den Moment und müssen immer wieder veränderten Verhaltensweisen angepasst werden. Schon mancher Finanzwissenschaftler hat sich an der Börse verspekuliert.

Wenn ihr euch nachträglich fragt: Warum habe ich mich so entschieden? Ist der gemeinsame Nenner aller eurer Entscheidungen letztlich: Weil ich Lust dazu hatte und keine Umstände entgegenstanden, die mir noch größere Unlust bereitet oder sonst die Lust verdorben hätten. »Ich habe Lust dazu« verwende ich hier als Kurzformel für: Es macht mir Freude, tröstet mich, ermutigt mich, gibt mir neuen Schwung, erfüllt eine Sehnsucht, gefällt mir besser, verschafft mir ein Wohlgefühl und dergleichen.

Um die Entscheidung eines Menschen vorauszusehen, müsstet ihr also wissen: Welche heimlichen Hoffnungen beseelen ihn am meisten? Was liebt er? Was fürchtet er? Welche neurotisch wirkenden Erlebnisse haben ihn als Kleinkind geprägt? Welche Erfahrungen hatte er mit der Liebe der Eltern, mit Spielkameraden, mit verschiedenen Lehrern, mit der religiösen oder areligiösen Erziehung? Und so fort.

Ihr müsstet darüber hinaus aber auch wissen: Wie lautet sein ewiger Name, und welche Facette aus der Innenwelt Gottes repräsentiert seine Seele? Welche Schicksale hat sie in vergangenen Leben durchlaufen? Welche damaligen Begegnungen sind für dieses Leben relevant? Welche vorgeburtliche Lebensabsprache hat ihr Sonnenengel mit ihr getroffen? Ist der Mensch von ihr abgewichen, auf welchen Wegen findet er zu ihr zurück?

Fragen solcher Art sind der Wissenschaft nicht zugänglich. Die menschliche Freiheit gehört zum Menschsein des Menschen. Wie ein Mensch seine Entscheidungen trifft, ist für den Wissenschaftler durch Beobachtung und Analyse nicht vorhersehbar.

Die Freiheit in der Natur

Findet die Wissenschaft denn wenigstens in der unbelebten Natur noch diese Sicherheit?

Ihr wisst ja, dass die Physik des 20. Jahrhunderts die Vorhersagbarkeit im mikrophysikalischen Bereich mit einem großen Fragezeichen versehen hat. Die Materie ist nicht auf Materie aufgebaut. Sie setzt sich zwar aus Atomen und Molekülen zusammen. Das Atom ist aber nicht, was sein Name sagt: Es ist nicht unteilbar, es ist nicht die kleinste Einheit. Die Energiegewinnung durch Kernspaltung und die Atombombe haben euch vor Augen geführt, dass die Physiker hier von höchst realen Gegebenheiten sprechen.

Nun hat Werner Heisenberg vor gut 80 Jahren entdeckt: Bei den kleinsten Elementarteilchen, den Elektronen, lassen sich Ort und Impuls nicht gleichzeitig genau messen, ebenso wenig Zeit und Energie. Die Bewegung ist also prinzipiell nicht vorhersagbar. Das Unerhörte ist: Die Teilchen machen, was sie wollen, sie sind so oder so da oder dort, unter Umständen sogar an zwei Stellen gleichzeitig. Oder sie entschwinden und entstehen neu an einem anderen Ort.

Diese Einsicht und der Gedanke der Verursachung, der »kausalen Determination« verhalten sich, wie man es ausgedrückt hat, »komplementär« zueinander, das heißt: Ihr anerkennt die Unabhängigkeit von naturgesetzlicher Verursachung, obwohl ihr sie nicht denken könnt. Es kommt auf die jeweilige Betrachtungsweise an.

Die Verfechter des traditionellen mechanistischen Weltbilds versuchen, ihr Konzept der Sicherheit zu retten, indem sie sagen: »Das ist nur ein Störfall am Rande, es gilt ja nur für die kleinsten Teilchen. Schon bei Atomen und Molekülen und erst recht bei Schränken und Elefanten stimmt unser Konzept wieder.« Hätten allerdings die Teilchen plötzlich Lust auseinanderzufliegen, würden Schränke und Elefanten sich auflösen. Jedenfalls hat sich gezeigt: Unterhalb der Eisdecke der Sicherheit fließt der Fluss der Freiheit.

Ihr steht also vor Phänomenen, die euer Verstand nicht zu begreifen vermag. Denn er ist auf eure Lebensbedürfnisse zugeschnitten, nicht auf Theorien, die in sich selbst widersprüchlich sind und die ihr euch nicht anschaulich machen könnt. Aber macht euch keinen Knoten ins Gehirn. Geist, Liebe, Leben und die Freiheit sind nicht »greifbar«, aber sie bilden den gemeinsamen Hintergrund alles Seienden. Eure moderne Physik hat also erkannt, dass das mechanistische Welt-Modell der Wirklichkeit nicht gerecht wird: Der Mensch funktioniert nicht wie ein Uhrwerk und die übrige Welt auch nicht.

Doch auf der Basis dieses überholten Welt-Modells wird

vielfach noch heute argumentiert. Die Einsichten der neuen Physik sind noch nicht ins öffentliche Bewusstsein eingedrungen. Denn erstens sind sie nur Menschen zugänglich, die die Theorien der Physik nachvollziehen können, während das alte Welt-Modell jedermann verständlich war. Und zweitens trennen sich Menschen ungern von ihren Vorurteilen. Da waltet eine gewisse Trägheit, die umso größer ist, je mehr Anstrengung die Erarbeitung neuer Erkenntnisse erfordert.

Doch in den kommenden Jahren wird sich mehr und mehr die Einsicht verbreiten: So einfach ist die Welt nicht zu verstehen. Das Prinzip der Freiheit lässt sich aus der Natur so wenig verbannen wie aus der Seele des Menschen.

Naturgesetze

Ihr seid gewohnt, Naturgesetze von juristischen Gesetzen deutlich zu unterscheiden: Naturgesetze zwingen, juristische Gesetze hingegen schließen die persönliche Freiheit nicht aus, sie unbeachtet zu lassen. In Wirklichkeit haben aber die Naturgesetze einen ähnlichen Charakter wie die juristischen Gesetze. Der Anschein, dass sie zwingen, entsteht dadurch, dass die Natur sie normalerweise immer befolgt. Nur deshalb könnt ihr euch auf sie verlassen, nur deshalb funktioniert eure Technik.

Ihr könnt natürlich sagen: Hauptsache, die Naturgesetze

sind verlässlich, egal warum. Doch der Unterschied zwischen Zwang und Freiwilligkeit ist von grundlegender Bedeutung für euer Weltverständnis. Das möchte ich im Folgenden erläutern.

Beginnen wir mit der Frage, warum die Natur die Naturgesetze so verlässlich befolgt. Die Naturwissenschaftler wissen nur, dass die Natur den Naturgesetzen folgt, nicht aber, warum sie das tut. Dass sie dazu gezwungen sei, ist nicht mehr als eine Vermutung, die nicht bewiesen ist, also eine nicht verifizierte Hypothese. Sie gründet sich auf die Vorstellung: Gott sei einem Uhrmacher vergleichbar, der das Seine getan habe, wenn er die Uhr hergestellt und in Gang gesetzt hat. Seither werde er nicht mehr gebraucht. Er könnte sich auch ganz zurückziehen, ohne dass es auffallen würde.

Diese Gottesvorstellung ergibt sich nicht etwa als Resultat aus wissenschaftlichen Erkenntnissen, sondern ist die stillschweigende Voraussetzung der Annahme, dass die Naturgesetze zwingenden Charakter hätten. Doch als Gott beschloss, die in die Materie gefallene Schöpfung bestehen zu lassen, richtete er eine Bitte an sie: Sie möge freiwillig den Gehorsam leisten, der für die Evolution unentbehrlich ist. Gehorsam setzt voraus, dass Ungehorsam möglich ist, dass also Wahlfreiheit besteht.

Dass die Natur bereitwillig diesem Gehorsam leistet, hat zwei Gründe. Der Hauptgrund ist: Die Natur ist guten Willens. Seitdem sie in die Materie gefallen ist, trägt sie in all ihren Teilen ein Fünkchen wehmütigen Heimwehs in sich und sehnt sich nach Gott zurück, aus dessen Innenwelt sie hervorgegangen ist. Damit sich dieser Wunsch erfüllen kann, will sie die Evolution sichern und nicht gefährden. Sie »muss« das nicht, sie *will* es. Das Wort »müssen« solltet ihr auf die elementarsten Lebensbedürfnisse beschränken und im Übrigen aus eurem Wortschatz streichen.

Ein zweiter Beweggrund ist die Trägheit: »Das haben wir schon immer so gehalten, warum sollten wir es anders machen? Es funktioniert ja alles bestens. Wir haben uns im gemütlichen Zuhause des Gewohnten eingerichtet.«

Die »zwingenden« Naturgesetze sind ein gedankliches Konstrukt. Nehmt als Beispiel die Gravitation: Massen ziehen einander an. Warum tun sie das? Sie könnten ja auch aneinander vorbeigehen, ohne sich angezogen zu fühlen. Und wieso ziehen sich auch die kleinsten Teilchen an, die doch gar keine Masse haben? Nun, sie tun es, weil sie es wollen. Und sie wollen es, weil sie darum gebeten wurden von Gott, aber auch voneinander: »Komm näher und bleib.« »Einverstanden.« So kommt es zur Gravitation: Alles tut, was es will.

Die Wissenschaftler dachten bisher: Alles tut, was es muss. Dieses Maß an Freiheit ist für sie zunächst unfassbar. Für den Glaubenden ist es weniger überraschend. Wenn ihr betet: »Dein Wille geschehe«, so setzt ihr voraus, dass in Gottes Geschöpfen ein Wille lebendig ist, der von seinem Willen abweichen kann.

Manchem Naturwissenschaftler könnte bei dieser Einsicht schwindelig werden. Er wendet sich dann lieber 100 Proben der Fruchtfliegen zu, da geht es relativ geordnet zu. Ein für Glaubensfragen offener Naturwissenschaftler hingegen wird sich sagen: »Ich kann nicht anders, als der Schöpfung zu danken, sie zu bewundern und dafür zu preisen, dass sie so kooperativ ist. Das ist nur möglich, weil alle guten Willens sind – ein milliardenfaches Weihnachten. Die Schöpfung macht von ihrer Freiheit zum Wohle des Ganzen Gebrauch.«

Das ist beim inkarnierten Menschen anders. Er steht unter dem Einfluss seines Doppelgängers, durch den die dunklen Hierarchien auf ihn einwirken. Er hat aber die Fähigkeit, diesen Einfluss zu überwinden und manchmal sogar die gefallenen Wesen zu überzeugen und zur Umkehr zu bewegen. Diese Fähigkeit ist das, was ihn zur »Krone der Schöpfung« macht, nicht die Freiheit an sich, denn die hat jedes Proton, Neutron und Elektron in gleicher Weise. Insofern orientiert sich Gott an dem Gleichheitsideal: Freiheit für alle und nicht nur für einige. Heisenberg hat die Tür zu dieser Einsicht geöffnet. Aber es ist noch nicht voll begriffen. Da ist ein Bewusstseinswandel dringend erforderlich, er wird aber in den nächsten Jahrzehnten eintreten.

Die dunklen Hierarchien werden versuchen, ihn mit einem Zerrbild zu blockieren: Wäre nicht alles Geschehen von zwingenden Gesetzen determiniert, käme es zum Chaos, dann brächen alle Beziehungen und Bindungen zusammen. Dann könnten die Teilchen sogar zu revolutionärem Aufruhr aufgewiegelt werden, sodass zum Beispiel euer Stuhl sich auflöst.

Theoretisch könnten die Teilchen ihre Freiheit missbrauchen. Aber das wird nicht geschehen, weil sie ihre Freiheit im lichten Sinn umsetzen – aus gutem Willen und aus guter Gewohnheit, wie Orchestermusiker, die diszipliniert zusammenspielen. Sollte ein Teilchen mal die Lust anwandeln, Unsinn zu treiben, werden die anderen es bitten, das zu lassen, die Ordnung zu bewahren und sich ins Ganze einzufügen.

Gott zwingt nicht, er befiehlt auch nicht, er bittet. Selbst die zehn Gebote sind in Wirklichkeit Bitten. Bei korrekter Wiedergabe hieße es statt »Du sollst nicht…« eigentlich: »Du solltest nicht…«. Wäre man sich dessen bewusst, wären die zehn Gebote wesentlich wirksamer. Denn es ist viel schwerer, sich einer Bitte Gottes zu entziehen als einem Gebot, das wie eine Fessel empfunden werden kann. In Gottes Schöpfung herrschen nicht Zwang und Gewalt, auch nicht Drohung und Strafen, sondern Freiheit, Geduld, Liebe, Erinnerung und all das, was eure Pädagogen »positive Motivation« nennen. Auch die Höflichkeit gehört zu den grundlegenden Schöpfungsprinzipien: der kultivierte Umgang, das gute Benehmen, das Bitten und Danken.

Dieser Aspekt ist in den fernöstlichen Kulturen stärker ausgeprägt als bei euch. Er schlägt sich nieder in Zeremonien mit vielen Verneigungen, mit Floskeln der Begrüßung, der Verehrung und des Abschieds, mit Geschenken, die mit Geschenken erwidert werden, mit überschwänglicher Gastlichkeit. Diese Höflichkeitskultur mag euch übertrieben erscheinen. Sie beruht aber auf einer sehr wichtigen Einsicht: Auch Gott und seine Schöpfung gehen höflich miteinander um.

Fragt euch einmal: Wie höflich und respektvoll gehe ich mit anderen Menschen um?

Notizen:

_____

_____

_____

_____

_____

_____

_____

_____

_____

_____

Die sogenannten Naturgesetze beruhen *erstens* darauf, dass Gott die Natur gebeten hat, die Evolution durch bestimmte regelmäßige Verhaltensweisen zu ermöglichen, und *zweitens* darauf, dass diese Bitte ganz selbstverständlich befolgt wird, und zwar so zuverlässig, dass der Anschein entstehen konnte, ihr hättet es mit »zwingenden« Naturgesetzen zu tun.

Diese Zuverlässigkeit ist natürlich nicht garantiert. Ihr könnt die Möglichkeit nicht ausschließen, dass die Natur, wenn die Menschen sie allzu rücksichtslos behandeln, nicht mehr mitmacht: »Euer Ton gefällt uns nicht, wir lassen uns das nicht länger gefallen.« Dann ist Schluss mit der irdischen Evolution. Die Wahrscheinlichkeit, dass so etwas passiert, ist zwar sehr gering, aber sie ist auch nicht einfach null.

Wenn dieser Gedanke bei euch einen Schock auslösen sollte, so wäre das dem Himmel sehr erwünscht. Ihr habt keinen Anspruch auf Geborgenheit in der Schöpfung. Diese Geborgenheit beruht darauf, dass die Schöpfung guten Willens ist. Dafür gebührt ihr Dank, Respekt und pflegliche Behandlung.

Zwei Typen von
Naturwissenschaftlern

Der ideale Naturwissenschaftler

W arum hütet und fördert der Himmel den Fortschritt der wissenschaftlichen Erkenntnisse?

Elion: Eine erste – allerdings vordergründige – Antwort lautet: Weil er alles menschliche Bemühen unterstützt, sofern es den Prinzipien der Schöpfung nicht widerstreitet. Jeder Mensch wird ja von Engeln begleitet, die bestrebt sind, ihm zum Erfolg zu verhelfen, also auch der Wissenschaftler.

Etwas weniger vordergründig ist die Antwort: Wissenschaftliche Forschung führt zu nützlichen Entdeckungen, zum Beispiel von Krankheitsursachen und von Methoden der Prävention oder Heilung. Können sich wissenschaftliche Erkenntnisse unheilvoll auswirken wie zum Beispiel in der Waffentechnik, unterstützt der Himmel die Bemühungen um Abwendung der Gefahr.

Eine Frage zielt aber tiefer: Warum liegt dem Himmel

daran, dass sich eure Welterkenntnis den realen Gegebenheiten immer mehr annähert? Fragen wir zunächst einmal: Was motiviert die Wissenschaftler selbst? Was treibt sie an? Was treibt sie um? Wer Grundlagenforschung betreibt, den interessiert ja weniger, ob nebenbei auch mal etwas praktisch Verwendbares herauskommt.

Warum wollt ihr zum Beispiel wissen, was sich im Sternenhimmel und darüber hinaus im Universum abspielt und abgespielt hat und wie die biologische Evolution verlaufen ist, und zwar bis in die Einzelheiten hinein? Warum wurde Forschungsarbeit solcher Art unter großen Opfern geleistet? Warum wird sie heute meist gut bezahlt und mit teuren Beobachtungsinstrumenten ausgestattet – vom Mikroskop bis zum Hubbleteleskop?

Die Erkenntnisse, die ihr dabei gewinnen könnt, haben doch im Allgemeinen keinerlei Bedeutung für eure Lebenswelt, weder im familiären noch im kommunalen noch im gesamtgesellschaftlichen Bereich. Sie dringen auch nicht bis zu den Fragen Gott, Schöpfung und dem Sinn des Lebens vor, die euer Glaubensleben bestimmen. Trotzdem sind sie euch wichtig. Doch warum? Was gibt euch Anlass zu so enormen Anstrengungen und Geldausgaben?

Orientieren wir uns jetzt mal an den »großen« Naturwissenschaftlern, die die richtungsweisenden Entdeckungen gemacht und die maßgeblich gewordenen Fragen aufgeworfen haben. Was motiviert diesen »Idealtypus« des Naturwissenschaftlers? Warum will er wissen, wie die Abläufe in der Welt, die Kausalitäten, die Zusammenhänge tatsächlich sind?

Erinnert euch jetzt bitte noch einmal an das, was ich euch über die Schöpfung gesagt habe: Gott erschuf zunächst eine nicht materielle Welt: ein Paradies, in dem das Prinzip der Freiheit herrschte. Erst durch den Missbrauch der Freiheit, den sogenannten »Fall der Engel«, stürzte ein Teil von ihr in die Materie. Gott weiß zwar, dass und warum die Schöpfung am Ende heimkehren wird. Aber einstweilen beobachtet er gespannt, welche Wege seine Schöpfung nimmt.

Er tut also dasselbe, was auch der ideale Wissenschaftler tut. Oder umgekehrt: Dieser tut dasselbe, was Gott tut. Er ist genauso neugierig wie Gott, er beobachtet wie dieser die Entwicklung des Universums und die biologische Evolution auf Erden, und zwar genau und bis in die Einzelheiten hinein.

Gott war erzürnt über die gefallenen Mächte, die das Böse und Hässliche in die Welt gebracht haben, er sieht aber auch: Sie haben seine Schöpfung zwar beschädigt, aber nicht zerstört. In ihr präsentiert sich auch all das Schöne und Gute, das aus seiner Innenwelt stammt, die Geist, Licht, Liebe und Leben ist. So registriert auch der ideale Naturwissenschaftler zwar die Grausamkeiten in der Natur – die großen Fische fressen die kleinen –, dennoch erfüllt ihn die großartige Schönheit und Vielfalt der Natur mit Staunen und Bewunderung.

Und da sein Beobachten und Empfinden dem Gottes so

nahe kommt, ist der Forscher auch offen für Inspirationen, mit denen die Engel ihm die Richtung weisen, seine Fragestellungen, Hypothesen und Untersuchungsmethoden anleiten. Wenn ihm dämmert, woher seine überraschenden »Ideen« und »Einfälle« tatsächlich stammen, dann wird ihm bewusst werden, welches innerste Motiv ihn zu seiner Arbeit antreibt: Er durchforscht die göttliche Schöpfung. Die Frage, ob es Gott gibt oder nicht, diskutiert er gar nicht. Er versteht sein Tun als etwas Heiliges, nicht im Sinn einer bestimmten Religion oder Konfession, sondern im Sinn einer natürlichen Frömmigkeit. Die Erkenntnisse der Naturwissenschaft haben ihn mit Ehrfurcht erfüllt.

Insofern ist er zu einem fast königlichen Menschen geworden, der weiß: »Die göttliche Schöpfung ist *meine* Welt, die will ich verstehen. Je mehr ich verstehe, desto mehr bin ich von Staunen ergriffen. Und das treibt mich an, immer mehr und immer genauer zu verstehen und am Fortschritt der wissenschaftlichen Erkenntnis mitzuarbeiten.«

Damit beantwortet sich auch eure Frage, warum der Himmel diesen Fortschritt hütet und fördert: Die wissenschaftlichen Erkenntnisse öffnen euren Blick nicht nur für die tatsächlichen Gegebenheiten der Natur, sondern auch für ihre Großartigkeit, ihre Schönheit, ihre Dramatik, ihre Komplexität, ihre Fülle und Vielfalt. Auch wenn dieser Blick nur den materiellen Teil der Schöpfung, nicht die Welt des »Himmels« erreicht, vermittelt er euch eine Ahnung von der Erhabenheit des Schöpfers selbst.

Das ist wichtig, weil die bisherigen Wege, die in der Selbstoffenbarung Gottes gipfelten, zwar weiterhin bestehen, im Zuge der neuzeitlichen Bewusstseinsentwicklung aber an unmittelbarer Evidenz verloren haben und zurückgedrängt wurden. Der ideale Wissenschaftler führt euch an die Schönheit, an das Staunen, an das Wunder, an die Ehrfurcht heran. Er will und kann euch Gott nicht mit verstandesmäßigen Argumenten beweisen. Aber er öffnet eure Augen und euer Herz für die Göttlichkeit der Welt.

Der suboptimale Naturwissenschaftler

Wie erklärt sich dann, dass unsere Zusammenarbeit mit den Engeln manchmal für unvereinbar mit den Erkenntnissen der Naturwissenschaften gehalten wird?

Es gibt nicht viele Forscher, die diesem Idealtypus des Naturwissenschaftlers entsprechen. Es sind nur die, die ihr als die »Großen« kennt. Viele andere überschreiten den Rahmen ihres Fachs und fühlen sich ermächtigt, über die Gottesfrage zu philosophieren. Die meisten von ihnen erliegen der Versuchung zur Vereinfachung (davon war bereits in Kapitel 3.4 die Rede): Sie erklären die Frage, ob es Gott gibt, einfach für unzulässig. Und dann gibt es noch Tausende von Wissenschaftlern, die in staatlich oder industriell geförderten Institutionen ihren Arbeitsplatz gefunden haben und die ihnen gesetzten Aufgaben erfüllen, ohne über die großen Zusammenhänge nachzudenken.

Manche von ihnen betrachten sich in ihrem Selbstverständnis als Aufklärer, die die Menschheit aus der Dummheit des Glaubens ins Licht der wissenschaftlichen Erkenntnis führen. Sie treten mit dem imposanten Gestus des Verkündigers auf: »Ich als Wissenschaftler aber sage euch …« Und zwar sagen sie euch: Alles Gerede von Schöpfung, von der Göttlichkeit der Welt, von ihrer Vielfalt und Fülle sei heute »überholt«, überflüssig, nicht mehr zeitgemäß, nicht ernst zu nehmen. Das ist die ihnen eigene Art, zu rebellieren, dagegen zu sein, zu verneinen, abzulehnen.

Selbst von manchen eurer »modernen« Theologen wird die Meinung vertreten, der Glaube sei eine Sache des Gehirns, Kirche müsse durch und durch »vernünftig« sein. Solche Sachen wie die Präexistenz Christi, sein Abstieg ins Reich des Dunkels, seine Auferstehung, Himmelfahrt, Geistsendung, die Sakramente seien »überholt«, weil sie sich vom Verstand nicht nachvollziehen ließen. Sie verpflanzen den Glauben aus dem Herzen ins Gehirn und meinen: Dann haben wir es leichter. Den Verstand können wir abschalten und wieder einschalten, wir können je nach Bedarf gläubig oder aufgeklärt auftreten. So haben wir alles im Griff.

Dahinter verbirgt sich eine tiefer liegende Ursache, nämlich das Problem mangelnden Vertrauens: Wer so denkt, vertraut Gott nicht, er vertraut überhaupt dem Himmel nicht, und er vertraut sich selbst nicht. Manch einer hat sich als Kind – vielleicht als Messdiener – für Kirche und Glauben eingesetzt und erwartet, dafür mit glücklicheren Lebensumständen belohnt zu werden, als sich diese dann eingestellt haben. Ich gehe noch einen Schritt weiter: Viele Seelen, die in einer früheren Inkarnation als tiefgläubige Menschen, beispielsweise in Klöstern und Orden, für Gott gestritten und gelitten haben, wenden sich in der gegenwärtigen Inkarnation von Gott ab. Warum? Sie meinen, dereinst einen »Deal« mit Gott geschlossen zu haben, etwa der Art: »Lieber Vater im Himmel, du siehst, wie hervorragend ich es mache, also behandle mich hervorragend, bevorzuge mich, begünstige mich, erfülle meine Wünsche.«

Das war in Wirklichkeit kein »Deal«, sondern eine einseitige Erwartung, und die wurde enttäuscht. Sie schlug um in Resignation, wenn nicht sogar in Wut und Bitterkeit: Gott sei nicht zuverlässig, er halte nicht Wort. »Mit dir treffe ich keine Abmachung mehr, es geht auch ohne dich. Ich tue etwas Verlässliches, Sicheres, Berechenbares, Messbares, klar Erkennbares, Eindeutiges, Überschaubares. Ich arbeite im Labor oder ich diskutiere am Schreibtisch wissenschaftliche Theorien. Und damit kann ich dann auch andere vor Illusionen wie Gottesliebe, Gottvertrauen, Gottesbeziehung bewahren und damit vor Enttäuschungen, wie ich sie erlebt habe.«

Solche Menschen leben in einem sehr engen Befindlichkeitsraum. Sie suchen sicheren Boden, wollen nur noch von Gewissheiten reden, befinden sich aber in einer inneren Not. Es fehlt ihnen die innere Souveränität: Die Gelassenheit, die Lockerheit, die Größe, das Durchatmen, der Humor, die Gutmütigkeit, die einen souveränen Menschen auszeichnen. Das beeinträchtigt ihr Selbstwertgefühl. Berechtigte Zweifel am Selbstwert – das wisst ihr ja aus der Psychologie – werden kompensiert in übertrieben sicherem Auftreten, in Besserwisserei und Überheblichkeit. Der Versuch, mit solchen Menschen in eine sachliche Diskussion einzutreten, ist meistens aussichtslos. Denn mit Argumenten erreicht ihr nur die Verstandesebene, nicht aber die Ebene ihrer inneren Not, die sie auf ihre Position festgelegt hat.

Auch bei den Gläubigen lassen sich zwei Grundtypen unterscheiden. Auch da gibt es den »idealen« Gläubigen, der sich an den realen Gegebenheiten Gottes und des Himmels zu orientieren sucht, der offen ist für spirituelle Erfahrungen, für Inspirationen, für die Einsicht in Fügungen, für die Vertrauenswürdigkeit Jesu und der Zeitzeugen seines Wirkens und Lehrens. Und es gibt die »suboptimalen« Gläubigen, die sich in ihrem Selbstverständnis zwar dem Himmel zuwenden, dabei aber den Boden unter den Füßen verlieren. Sie flüchten sich entweder in Fundamentalismus, Dogmatismus, Wortlautrigorismus oder in Leichtgläubigkeit gegenüber allerlei undisziplinierter und unkontrollierter Esoterik.

Das sind alles Varianten einer Flucht aus der Freiheit.

Viele Menschen suchen ja ständig Antwort auf die Frage: »Was soll ich tun, für wen oder was soll ich mich entscheiden?« Das ist eine Frage, die wir Engel niemals konkret beantworten. Wir erläutern nur Gegebenheiten und Möglichkeiten, Hintergründe und Zusammenhänge, die bei der Entscheidung zu bedenken sind. Seine Entscheidungen hat der Mensch selbst zu treffen.

Bei diesen, die sie sich vorgeben lassen wollen, könnt ihr entweder beobachten, dass sie den Anforderungen des Lebens in Beruf, Familie, Ehe und Partnerschaft nicht gewachsen sind und ihrer eigenen Urteilskraft nicht trauen. Oder sie hoffen, durch ihre besondere Weise der Himmelszuwendung zu besonderen Himmelsgünstlingen zu werden. Oder sie können sich selbst etwas nicht vergeben und hoffen, sich durch ihren Sonderweg Gnade zu verdienen. Oder sie glauben, gar keiner Gnade zu bedürfen, entweder weil sie bereits erwählt und zum Heil prädestiniert seien, oder weil Gott ihnen mit seiner ganzen Allmacht zu Gebote stehe.

Auf die eine oder die andere Weise sind auch sie alle große »Vereinfacher«. Auch ihrer Haltung liegt eine innere Not zugrunde. Auch sie könnt ihr deshalb mit Argumenten auf der Verstandesebene nicht erreichen.

Einem an den realen Gegebenheiten des Himmels und der Erde orientiertem Weltverständnis könnt ihr euch annähern, indem ihr euch ein Gespräch zwischen den »idealen« Naturwissenschaftlern und den »idealen« Gläubigen vorstellt. Ein solcher Dialog würde zeigen, dass Naturwissenschaft und Glaube einander ergänzen, sich gegenseitig bestätigen, sich beide in ein Weltverständnis einfügen, das Himmel und Erde umfasst. Dieser Austausch würde zwar zunächst auf Ablehnung von allen Seiten stoßen. Langfristig würde sich der Dialog aber als äußerst hilfreich erweisen, Frieden stiften und integrierend wirken.

AUFKLÄRUNG

Aufklärung über Himmel und Erde

Elion: Die modernen Wissenschaften hatten und haben großen Erfolg in ihrem Bemühen, unzählige Aspekte der Welt und ihrer Kausalverläufe aufzuklären. Wissenschaftliche Erkenntnisse haben zwar auch die Atombombe hervorgebracht, vor allem aber die Entwicklungen ermöglicht, die ihr unter dem Begriff des »Fortschritts« zusammenfasst und die der Himmel vorbehaltlos anerkennt und würdigt.

Die Wissenschaften können aber auf die Frage, »was die Welt im Innersten zusammenhält«, nichts sagen, vieles bleibt unbeantwortet: Woher ihr kommt, wohin ihr geht, was der Sinn des Lebens ist, welche Aufgaben den Menschen in diesen Zusammenhängen gestellt sind, worauf sich das innerste Streben der Schöpfung richtet, ob die Seele nach dem Tod fortlebt, was sie dann erwartet, worauf sie hoffen und woran sie glauben darf...

Pragmatiker finden solche Fragen überflüssig, mit so etwas sollte man seine Zeit nicht vertun. »Was bringt das für einen Nutzen?« Eifernde Naturalisten finden sie sinnlos und meinen, es sei »unzulässig«, Fragen zu stellen, die die Wissenschaft nicht beantworten kann. Aber die meisten Menschen lassen sich nicht ihr Leben lang davon abbringen, ihnen nachzusinnen. Fragen dieser Art berühren den Menschen zutiefst, sie haben, wie ihr zu sagen pflegt, »existenzielle« Bedeutung. Doch wie lassen sich Antworten finden? Viele Menschen haben sich damit abgefunden, dass sie das zu Lebzeiten nicht erfahren werden und verdrängen diese Fragen.

Doch die »Gottsucher« geben so leicht nicht auf. Das liegt in der Natur der menschlichen Seele und ihrer leisen Erinnerungen. Ihr könnt euch den Antworten nur annähern, indem ihr euch »Aidio-Sophia«, der ewigen Weisheit öffnet, über die wir Engel euch seit den ersten Frühkulturen aufzuklären versuchen, wo immer das möglich ist.

Es ist Sorge dafür getragen, dass auf Erden stets Weisheitslehrer da sind, die zumindest Bruchteile der ewigen Weisheit aufnehmen und weitergeben können. Und die menschliche Seele ist so ausgestattet, dass sie sich in der ewigen Weisheit wiederzuerkennen vermag, wenngleich dem immer auch innere Blockaden entgegenstehen.

In allen Varianten der Aufklärung ging und geht es darum, Verständnisblockaden aufzulösen, irrige Vorurteile zu überwinden, Zusammenhänge zu erklären und Verstand und Herz für neue Einsichten zu öffnen. Darum ging es auch Jesus Christus. Er war Heiler und Erlöser, aber auch

Lehrer, und zwar – als der inkarnierte Gottessohn – der Meister aller meisterlichen Weisheitslehrer. Er war der Aufklärer schlechthin. Die christliche Religion ist die einzige, die im Kern aufklärerischen Charakter hat und deshalb das kritische Denken auf höchstem Niveau in sich integrieren kann.

Wir Engel haben verschiedene Aufgaben übernommen. Viele von uns stellen sich in den Dienst der Aufklärung, und zwar auch der »politischen« Aufklärung. Soweit es ihr um Frieden, Freiheit, Gerechtigkeit und Achtung vor der Menschenwürde ging, war auch sie von Engeln inspiriert.

Es gibt Bestrebungen, den Begriff der Aufklärung in sein Gegenteil umzudeuten. Eifernde Naturalisten nehmen den Begriff »Aufklärung« für sich in Anspruch und verstehen darunter die Lehre, dass es die göttliche Trinität in Wirklichkeit gar nicht gebe und folglich auch uns Engel nicht. Wir nehmen das amüsiert zur Kenntnis. Doch für euch bedeutet es, dass ihr in die Falle des naturalistischen Weltbilds tappen und meinen sollt, es gebe die Außenwelt ohne die Innenwelt.

Das verstellt den Blick auf die Welt, wie sie wirklich ist. Eine »Aufklärung«, die euch wegführt von Gott, führt euch weg von der Welt. Sie führt euch in ein Konzept der Verarmung, der Enge, der Kleinheit, der Banalität, der Ängstlichkeit. Was in diesem Zerrbild der Aufklärung zum Ausdruck kommt, ist ein Mangel an innerer Souveränität, an Offenheit, am Blick für das große Ganze, am Sinn für das

Schöne und Großartige, an der Fähigkeit, sich zu begeistern, zu staunen, zu bewundern, zu verehren, Ehrfurcht zu empfinden.

Eine »Aufklärung«, die euch wegführt von Gott, führt euch zugleich weg von der Aufklärung. Denn die Aufklärer von der Renaissance an waren edle Seelen, geprägt von christlicher Schulung und christlicher Tradition. Es ging ihnen nicht um ein Gegenmodell zum Glauben, sondern um seine Läuterung, seine Reinigung. Gewiss, es gab später auch unter denen, die sich zu Recht als Aufklärer verstanden, Irrwege oder Missbräuche. Aber die Aufklärung an sich war und ist ein Kind des christlichen Glaubens. Deshalb konnte sie sich zunächst nur in den Ländern entfalten, deren Kultur vom christlichen Glauben geprägt ist.

Es ging und geht in erster Linie um die Achtung der Menschenwürde und das heißt: um die Achtung der Ebenbildlichkeit des Menschen mit Gott. Daraus ergeben sich dann die Gesichtspunkte, die für Recht und Freiheit, Frieden und Humanität entscheidend sind. Gerät der Gedanke an die Göttlichkeit der Schöpfung in Vergessenheit, verliert der Begriff der Menschenwürde Inhalt und Sinn. Diese Einsicht findet sich bei allen Denkern, die ihr der historischen Aufklärung zurechnet. Sie wird übrigens von den Kritikern des Begriffs der Menschenwürde durchweg geteilt, nur dass sie folgern, er habe weder Inhalt noch Sinn.

Die Aufklärung ist der wichtigste Beitrag, den Europa und Amerika zur kulturellen Entwicklung der Menschheit leisten. Sie hat zu wesentlichen Fortschritten in Recht, Staat und Völkergemeinschaft geführt. Aber diese Aufgabe ist noch lange nicht erledigt, und es wäre schade, wenn sie in den bisherigen Ansätzen stecken bliebe. Wir Engel tun alles, um die Aufklärung weltweit wirksam werden zu lassen.

Manche Verfechter des naturalistischen Weltbilds erheben den Anspruch, erst ihre Vorstellungen verschafften der Aufklärung freie Bahn. Was sagst Du dazu?

Wer den Begriff der Menschenwürde für inhaltlos hält, kann in seinem persönlichen und politischen Wirken trotzdem die Menschenwürde achten, dafür gibt es viele Beispiele. Die Struktur seiner Seele hängt ja nicht davon ab, ob sein Intellekt sie versteht. Doch das Verstehen ist deshalb nicht unwichtig. Es verleiht der Seele größere Leuchtkraft und der Mitarbeit größere Verlässlichkeit.

Das Nichtverstehen hingegen begünstigt sowohl bei religiösen als auch bei antireligiösen Fundamentalisten die Neigung, sich gegenseitig zu bekämpfen. Da die gegenseitige Kritik in der Sache berechtigt ist, kann sie sich zu Polemik und Propaganda steigern und führte schließlich zu mörderischen Grausamkeiten, von der Ketzerverfolgung bis zum islamistischen Terror auf der einen Seite, von der Guillotine bis zur Religionsverfolgung durch totalitäre Systeme auf der anderen.

Wenn ihr verstehen wollt, warum die Welt so ist, wie sie

heute ist, braucht ihr einerseits die Forschungsarbeit mit ihren Hypothesen und Falsifikationen, andererseits aber auch das Begreifen der Welt als göttliche Schöpfung. Ihr braucht die Versöhnung von Wissen und Glauben oder, wie manche von euch sagen, von Exoterik und Esoterik. Beides zusammen erst ermöglicht euch, das Ganze zu erfassen und euch darin zu orientieren. Wer das eine gegen das andere ausspielt, hat nicht etwa die halbe Wahrheit, sondern verfehlt das Ganze.

Wenn religiöse Fundamentalisten die Evolutionslehre nicht gelten lassen wollen, verbauen sie sich die Möglichkeit, ihren eigenen Glauben wirklich zu verstehen. Wenn andererseits eifernde Naturalisten den göttlichen Schöpfer nicht gelten lassen wollen, können sie Naturvorgänge zwar auf einige Grundbedingungen zurückführen, diese selbst aber nicht verstehen. Und beide verstehen ihr eigenes Menschsein nicht.

Meine Bitte an euch ist, dass ihr euch der Aufklärung über Himmel *und* Erde mehr und mehr öffnet. Mit der Zeit werden die beiderseitigen Torheiten an Einfluss verlieren. Ereifert euch nicht über die Eiferer, habt Verständnis für sie, lasst sie gewähren. Sie werden allmählich aussterben und schließlich vergessen werden. Was ihr allerdings braucht, ist eine Engelsgeduld.

Higgs – und dann?

Elion: Das Verhältnis von Wissenschaft und Glaube hat eine lange Geschichte. Schon sehr früh gab es Vorformen der Wissenschaft: das ernsthafte Erkunden der Umgebung. Die Menschen entdeckten, wie man Feuer macht und was man damit anfangen kann, wie man Wasser staut und Brunnen gräbt. Sie entwickelten Techniken des Jagens, unternahmen Wanderungen in entfernte Gegenden, machten sogar Himmelsbeobachtungen. Das waren erste Ansätze des Forschens, die allerdings noch nicht ausgearbeitet waren.

Die Glaubensinhalte hingegen, in denen die Menschen wie selbstverständlich verankert waren, waren schon sehr ausdifferenziert. Sie vermittelten innere Gewissheiten über das Verhältnis von Mutter und Kind, von Familie und Sippe, von Geburt und Sterben, von den Jahreszeiten. Es bildeten sich Bräuche, die das Jahr begleiteten – mit Ritualen und Festen, mit Rhythmen, Singen und Tanzen. Es wurden Geschichten erzählt und über Generationen hinweg tradiert. Und es gab Frühformen des Priesters. Stammesfürsten unterstützten sie oder galten selbst als Priester. Die Vertreter des Glaubens genossen hohes Ansehen und machtvolle Autorität. Sie duldeten nicht, dass die Glaubensinhalte infrage gestellt wurden: So etwas galt als überflüssig und schädlich. Man meinte: Glauben braucht kein Wissen.

Erst ganz allmählich nahm das Erkunden der Welt Form

und Gestalt an. Es kam zu genaueren Beobachtungen und schließlich zur Entwicklung der Schrift. Man wagte Welterklärungen, die den Glauben auf den Prüfstand stellten. Es entstanden Hochkulturen mit ausgearbeiteten religiösen Vorstellungen und Weisheitsbüchern, die ihr noch heute bewundert. Allmählich wurde auch das forschende Erkunden der Welt ernst genommen und respektiert. Die Menschen begannen, durch philosophisches Nachdenken und Verstehenwollen Glauben und Wissen zu umgreifen. Diese Entwicklung fand ihren Höhepunkt in der griechischen Philosophie. Aber das alles erschütterte nicht die Vormachtstellung des Glaubens bis in die frühe Neuzeit hinein.

Vor diesem Hintergrund wird die heutige Gegenbewegung verständlich. Die Methoden der neuzeitlichen Wissenschaften haben zu Erkenntnissen und Techniken geführt, die die moderne Zivilisation vollständig beherrschen. Man atmete auf: Endlich ist die Vormachtstellung des Glaubens gebrochen! Das Sozialprestige eines anerkannten Wissenschaftlers ist heute weit höher als das eines Priesters und Seelsorgers. Der Glaube wurde zunächst zurückgedrängt, dann weithin aufgegeben, und die gegenwärtige Tendenz geht dahin, Glauben für überflüssig, ja sogar für schädlich zu halten.

Manche meinen, die Wissenschaft könne den Glauben vollständig ersetzen. Die Enträtselung des Universums sei zwar noch nicht vollständig gelungen, aber es sei nur noch eine Frage der Zeit, bis man die alles umfassende Weltformel gefunden haben werde. Mathematische Formeln haben ihre eigenen Schönheit. Kenner können darüber in Verzückung geraten, ja, sie wie eine mystische Erleuchtung erleben. So liegt die Vorstellung nahe, die endgültige Weltformel werde Gott ersetzen können. Auf dem Weg dahin fehlten zwar noch letzte Bausteine. Doch die Entdeckung des »Higgs«, des sogenannten »Gottesteilchens«, zeige, wie nahe man der Erreichung des Ziels sei.

Die Vertreter der Wissenschaft hatten jahrtausendelang unter der Formel »Glaube braucht kein Wissen« zu leiden. Gönnt ihnen jetzt den Triumph der Gegenbewegung: »Wissen braucht keinen Glauben«. Er liegt in der Logik geistesgeschichtlicher Bewegungen.

In dieser Logik liegt freilich auch, dass darauf eine Phase der Enttäuschung und Ernüchterung folgen wird. Wenn die Wissenschaft verkünden wird »Jetzt haben wir's endgültig!«, wird man zurückfragen: »Na und – was haben wir? Das Leben geht so weiter wie zuvor.«

Zwar werden einige Wissenschaftler dann hoch geehrt werden. Sie erhalten den Nobelpreis und dürfen mit Recht stolz sein. Die Naturwissenschaftler werden froh sein, dass es noch viele Details zu erforschen gibt. Auch können sie noch neue Techniken entwickeln, zum Beispiel die ärztliche Medikation auf die genetische Individualität des Patienten abstimmen. Das ist alles gut und schön und wird vom Himmel auch unterstützt werden. Doch für die meisten Menschen hat sich nichts Wesentliches geändert.

Die Seelen der Menschen haben weiterhin die Möglichkeit, sich an ihren Ursprung zu erinnern. Ihre Seelen fühlen sich in dieser Welt fremd wie zuvor und sehnen sich nach ihrer Heimat. Sie erinnern sich: »Im Anfang schuf Gott ...«, und »Im Anfang war das Wort«. Wenn sie jetzt glauben sollen: »Im Anfang war das Higgs-Teilchen«, berührt sie das nicht, so wenig wie zuvor die Auskunft: Im Anfang war der Wasserstoff. Da ist immer nur die Rede vom Anfang der Materie oder der Masse. Das lässt die Frage offen: Wie kam es denn dazu? Wieso besteht das Higgs-Teilchen überhaupt? Warum so und nicht anders? Wann, wie, wozu, von wem ist das Higgs-Teilchen geschaffen worden? Was ging ihm voran? Wohin sollte es führen?

Entsprechende Fragen müssen sich auch die Glaubenden gefallen lassen. Es lässt sich auch fragen: Und wer hat Gott geschaffen?

Gewiss, die Frage nach dem Ursprung lässt sich immer fortsetzen und kommt nie zu Ende. Mein Rat ist: Kennt eure Grenzen. Euer Fassungsvermögen ist nicht größer als das Universum und nicht größer als Gott. Wenn ihr an eure Grenzen gestoßen seid, kehrt um und setzt den Regenwurm, der sich auf die Straße verirrt hat, zurück ins Gras. Den letzten Ausgangspunkt werdet ihr nie erfassen. Nehmt euch die Freiheit zu sagen: Da, wo ich an den Endpunkt meines Fassungsvermögens gerate, setze ich den Anfangspunkt meines Denkens. Alles Seiende ist aus *einem* Urgrund hervorgegangen. Hier kommt die Wissenschaft keinen Schritt weiter und der Glaube auch nicht. Glaubende und Wissenschaftler sollten demütiger und bescheidener werden und aus ihren Hamsterrädern heraustreten. Dann wird auch das Verhältnis zwischen ihnen freundschaftlicher und entspannter werden.

Weiterführend wäre die Frage: Ist Geist eine Spielart der Materie? Meine Antwort ist: Ja, insofern nämlich Materie eine Spielart des Geistes ist. Das Higgs-Teilchen erklärt die materielle Ebene, aber nicht die Entstehung der Werke Bachs und Goethes. Daran war das materielle Gehirn gewiss beteiligt. Wie aber könnte es ihr »eigentlicher« und einziger Ursprung gewesen sein?

Weltformel und Higgs-Teilchen beziehen sich nur auf die »diesseitige« Welt, in die ihr inkarniert seid. Eure Seelen entstammen aber nicht der irdischen Evolution, sondern der Innenwelt Gottes. Sie möchten ihr Woher und Wohin und damit den Sinn ihres Daseins zur Klarheit führen. Man mutete ihnen in den letzten Jahrzehnten zu zu glauben, die bevorstehende Vollendung der Wissenschaft würde ihre Fragen endgültig klären.

Nun zeigt sich: Sie klären sie keineswegs. Es steht nichts mehr im Wege, sich dem Glauben zu öffnen. Es ist zwar auch möglich, weder zu wissen noch zu glauben – das geht eine Weile. Aber zu einer souveränen Bewegung im Leben gelangt ihr nur, wenn ihr auf zwei Beinen schreitet, wenn ihr wisst *und* glaubt. Dann seid ihr zu Hause in zwei Befindlichkeitsräumen, in der Gemeinschaft der Wissensuchenden und in der Gemeinschaft der Glaubenden.

Es gibt noch keine »Lobby« dieses dritten Weges. Die »Großen« unter euren Wissenschaftlern haben ihn zwar schon entdeckt, aber er ist noch nicht »populär« geworden. Der Himmel ist deswegen nicht besorgt. Denn es liegt in der Logik der geistesgeschichtlichen Entwicklung, dass ihr die »Fälligkeit« des dritten Weges erkennen und leben werdet. Auf längere Sicht ist das unausweichlich.

Auf diesem Weg befindet ihr euch im Einklang mit der göttlichen Trinität. Indem ihr Wissenschaft betreibt, lebt ihr unter dem Schutz der Mutter, indem ihr glaubt, unter der Führung des Sohnes. Und wenn ihr Meisterwerke schafft, geht ihr den Weg des Vaters. Wenn ihr euch dessen bewusst werdet, erfasst ihr das Woher und Wohin sowohl der menschlichen Seele als auch des Universums.

Die Seele besser verstehen, heißt, das Universum besser verstehen. Und umgekehrt: Das Universum besser zu verstehen, heißt, die Seele – und damit eure gegenwärtige Lebenswirklichkeit – besser zu verstehen.

Die Schöpfung, ihr Fall und ihre Wiederherstellung

DAS SPRECHEN IN BILDERN

Elmalach (ein sehr ernst und fordernd wirkender Engel, der ein Schwert in der Hand hält. Er erhebt es zum Gruße.): Ihr solltet wissen, dass der erste Schöpfungsbericht des Buches Genesis (Gen. 1,1–2,4A) ein vom Himmel inspirierter Text ist. Das unterscheidet ihn vom zweiten Schöpfungsbericht – der Geschichte von Adam und Eva (Gen. 1,4B–4,25). Diese hat den Charakter eines Mythos, d. h. eines menschlichen Versuchs, sich die Anfänge der Menschheitsgeschichte zu erklären – eines Mythos unter zahlreichen anderen.

Auch dieser Mythos erzählt euch etwas über die Beziehung des Menschen zu Gott und hat seine Schönheit und seine Weisheit. Aber er berichtet nicht über ein Geschehen, das so oder ähnlich wirklich stattgefunden hat. Wenn Bibel-Fundamentalisten die Evolutionslehre mit dem Argument verwerfen, dass sie der Geschichte von Adam und Eva widerspricht, so stehen sie auf verlorenem Posten. Denn der Ansatz Darwins ist prinzipiell berechtigt. Sich wissenschaftlichen Einsichten zu verschließen, ist nicht im Sinne Gottes.

Der erste Schöpfungsbericht hingegen ist mit der Evolutionslehre vereinbar, ja, er wird durch sie erst verständlich, wie wir sehen werden. Der Text ist von Engeln inspiriert und von Menschen niedergeschrieben, die für Inspirationen aufnahmebereit waren. Solche Menschen hat es schon immer gegeben. Der Himmel trägt Sorge dafür, dass die ewige Weisheit – die »Aidio-Sophia« – von suchenden Menschen stets auch gefunden werden kann.

Antike Weisheitstexte sprechen nicht in rationalen, abstrakten Begriffen, sondern in Bildern, die in der menschlichen Seele Erinnerungen wecken, sodass sie aufatmen kann: »Ja, das klingt nach Heimat, da bin ich zu Hause.«

Zu den typischen Merkmalen solcher Schlüsselsätze gehören Formeln, die in bestimmten Rhythmen mehrfach wiederholt oder variiert werden wie der Refrain eines Lieds. Denkt zum Beispiel an die Seligpreisungen oder an die Gleichnisse Jesu. Sie malen mit Worten. Sie rufen Bilder hervor, die lebendig sind und gleichsam einen Duft verströmen, der der Seele vertraut ist: »Das kenne ich, daran erinnere ich mich, das ist mir Labsal und Nahrung.«

Die Geschichte von Adam und Eva hat nicht diese formelhafte Struktur mit Refrains und Rhythmen. Sie erzählt eine hübsche Geschichte, ähnlich einem Märchen: »Es war einmal...«. Sie ist romantisch, malerisch, dramatisch, löst aber kein inneres Aufmerken der Seele aus, weckt keine Erinnerungen. Denn die Geschichte hat ihren Ursprung nicht in himmlischen Inspirationen, sondern in dem menschlichen Bemühen, sich die Anfänge der Menschheitsgeschichte irgendwie zu erklären.

Der erste Schöpfungsbericht hingegen vermittelt in Bildern, was sich tatsächlich ereignet hat. Er enthält Seelenbilder des Werdens der Welt. Die Seele kann nicht anders als bildhaft denken. Sie kann sich ja auch Gott nur in einem Bild mit menschlichem Antlitz vorstellen, z. B. im Bild eines gütigen oder zornigen Vaters. Wenn ihr Gott im Gebet dankt oder ihn um etwas bittet, so lebt ein solches Bild in eurer Seele.

Das erste der zehn Gebote verbietet doch, dass wir uns ein Bild von Gott machen.

Ja, aber es will dieses Seelenbild nicht auslöschen – damit würde es euch ja das Beten unmöglich machen –, sondern es im Gegenteil schützen. Ihr sollt eure Vorstellung von Gott in der Seele belassen, wo sie hingehört: als eure derzeitige, ganz persönliche Vorstellung von Gott. Für diese sollt ihr keine Allgemeingültigkeit beanspruchen, sie nicht als ein »zutreffendes« Bild ausgeben, schon gar nicht sie als Statue nachbilden, die dann an Gottes statt angebetet werden könnte.

Ihr Heutigen wollt euch allerdings nicht damit begnügen, die Seelenbilder antiker Weisheitstexte bloß nachzuempfinden, ihr wollt auch denkend verstehen, was in ihnen anklingt. Der Verstand macht sein Recht geltend, er erhebt den Anspruch, das in den Seelenbildern nur Angedeutete denkend nachzuvollziehen. Das ist berechtigt, es ist im Sinne des Himmels. Denn es entspricht der jetzigen Stufe der Evolution. Die Menschheit befindet sich sozusagen auf der Altersstufe des Mündigwerdens. Das zeigt sich in den Fortschritten, die eure Erkenntnisse in Wissenschaft und politischer Aufklärung gemacht haben und weiter machen werden. Die Klärung der religiösen Grundfragen sollte damit Schritt halten, damit diese Fragen nicht verdrängt und verschüttet werden.

Dazu ist es hilfreich, die Seelenbilder des ersten Schöpfungsberichts zu entschlüsseln, das in ihnen Dargestellte verständlich zu machen, ihre mystische Dunkelheit aufzuhellen, sie so aufzufächern, dass sie in eurer Seele Erinnerungen wecken. Wenn ihr das Auftauchen dieser Erinnerungen zulasst, werden euch das Woher und Wohin eures Daseins und der Sinn eures Lebens einleuchten.

»Im Anfang«

»Im Anfang schuf Gott Himmel und Erde. Die Erde aber
war wüst und leer. Finsternis lag über dem Abgrund, und
der Geist Gottes schwebte über den Wassern.« (Gen. 1, 1–2)

ELmalach: Mutet euch das nicht seltsam, ja befremdlich an?
Kann es denn sein, dass Gott, der Licht und Liebe ist, zunächst eine wüste, finstere Welt – ein »Tohuwabohu« – geschaffen haben soll?

In der Tat schuf Gott zunächst eine lichte, paradiesische
Welt. Doch dann ist etwas Erschütterndes passiert, es kam
zu einer die Welt verfinsternden Katastrophe, ausgelöst
durch den »Fall der Engel«: Ein Teil der Engel wandte sich
von Gott ab und wirkte ihm entgegen. Das hatte zur Folge,
dass ein Teil der Schöpfung in den materiellen Zustand hin-
abgerissen wurde. Nun war die Erde wüst und leer, Finsternis lag über dem Abgrund. Die Erinnerung an das verlorene
Paradies wird mit den Worten angedeutet: »Der Geist Gottes schwebte über den Wassern.«

Erst nach dieser Vorgeschichte beginnt der Sieben-Tage-
Bericht, und erst vor diesem Hintergrund bekommt ihr ein

Gefühl für seine grandiose Wucht: Gott hätte Anlass gehabt, die ganze Schöpfung als gescheitert zu betrachten und zurückzunehmen. Doch entschied der Vater, die Schöpfung nicht zurückzunehmen, sondern es wieder licht werden zu lassen, Licht und Finsternis zu scheiden und damit dem Drama des Kampfes zwischen Licht und Finsternis seinen Lauf zu lassen. Das alles wird im Buch Genesis nicht ausgeführt, sondern vorausgesetzt und im zweiten Satz zusammenfassend angedeutet.

Wenn ihr diese Zusammenhänge auf euer Gemüt wirken lasst, werdet ihr tief berührt und bewegt sein. Denn eure Seele hat diese Ereignisse miterlebt und ist von ihrer gewaltigen Dramatik zutiefst erschüttert worden. Vor diesem Hintergrund wird euch der Sinn eures irdischen Lebens einleuchten: Ihr habt daran mitzuwirken, dass die Schöpfung wieder zum Vater heimkehrt.

Ihr könnt beispielsweise euren Doppelgänger und die dunklen Hierarchien überzeugen, dass es auch für sie viel schöner wäre, ins Licht zurückzukehren. Ihr könnt auch andere Menschen ermutigen, den Einflüsterungen der dunklen Hierarchien zu widerstehen. Indem ihr Jünger und Nachfolger Christi werdet, arbeitet ihr mit an dem Erlösungswerk, das er mit seiner Menschwerdung, seiner Passion, seinem Abstieg ins Reich des Dunkels und seiner Auferstehung begründet und in Gang gesetzt hat: an der Heimführung der Schöpfung zum Vater. Doch nun der Reihe nach.

»*Im Anfang* schuf Gott Himmel und Erde.«

Das Wort »*im* Anfang« meint nicht nur den zeitlichen Beginn – sonst müsste es heißen »*am* Anfang«. Vielmehr ist hier die Rede von »Ursprung«, Urgrund, Ursache.[5]

Das Wort »im Ursprung« bezeichnet viel mehr als den zeitlichen Anfang. *Erstens* antwortet es nicht nur auf die Frage »wann?«, sondern auch auf die Frage »wo?«, nämlich in Gott. *Zweitens* ruft es in euch das Bild einer Quelle hervor, die aus dem Inneren nach außen sprudelt und die dem zeitlichen Anfang vorausgeht und zugrunde liegt. Dieses Bild kommt mit seiner Dynamik und energetischen Wirkung der Wirklichkeit sehr nahe. *Drittens* versiegt eine Quelle nicht einfach, sie sprudelt fort und fort. Das bedeutet: Die Schöpfung dauert an, sie findet auch heute um euch herum statt, aber auch in euch und durch euch.

Im Ursprung war Gott, aber es gab noch nicht den Unterschied zwischen Gott und der Schöpfung, zwischen innen und außen, so wenig wie den Unterschied zwischen oben und unten, vorher und nachher, Anfang und Ende. Alles, was später die Schöpfung ausmachte, war schon in Gott, aber noch nicht in Form und Gestalt. Es gab zwar das Leben und Weben der Möglichkeiten und Qualitäten, und dies in unendlicher Fülle. Doch es gab noch kein Geschehen in zeitlicher Abfolge und einem räumlichen Aufeinanderwirken. Es gab weder Zeit noch Raum.

---

5 griechisch »ἐν ἀρχή« (sprich arché), latein. »in principio«.

Gott war selig lächelnd und träumerisch versunken in sein ewiges, allumfassendes Sein. Er war sich zwar seiner selbst bewusst, aber er handelte nicht. Er betrachtete zufrieden sich selbst. Versucht einmal, das nachzuempfinden.

Übung:

Versetzt euch in aller Stille in einen meditativen Zustand der Versonnenheit. Betrachtet mit geschlossenen Augen die Schönheiten eurer Innenräume, die schönen Träume eurer Jugend, die schönen Möglichkeiten, die in euch angelegt sind. Lasst alle kritischen Bewertungen fahren: alle Selbstzweifel, Schuldgefühle, Ängste, Vorwürfe an euch und andere. Seid mit der Welt und euch selbst vollkommen einverstanden. Ihr könnt die Welt zwar nicht erschaffen, aber ihr könnt sie neu werden lassen, indem ihr sie so liebevoll und dankbar anschaut wie eine Frühlingslandschaft.

Bitte notiert, wie weit euch diese Übung gelungen ist und gegebenenfalls, welche Schwierigkeiten sich eingestellt haben.

Notizen:

»SCHUF«

»Im Anfang *schuf* Gott Himmel und Erde.«

Innenwelt wird zur Außenwelt

ELmalach: Nun stellt euch vor, Gott erwachte aus diesem Zustand träumerischer Selbstversunkenheit. Er hatte den Wunsch, einige der in ihm schlummernden Möglichkeiten Realität werden zu lassen. Das bedeutet: Er setzte sie aus sich heraus, indem er sich zurückzog. Er zog sich so zusammen, dass sie sich nun außerhalb seiner Innenwelt befanden. So schuf er den Unterschied zwischen innen und außen.

Was bloße Möglichkeit gewesen war, bekam, nun nach außen gelangt, eine eigenständige Struktur – in dem Sinne, wie auch eure Gedanken eine Struktur haben. Sie sind zwar real, aber nicht materiell. Das Erste, was Gott auf diese Weise schuf, waren die himmlische Mutter und der Sohn. Die Mutter ist also im Verhältnis zum Vater eher einer Tochter vergleichbar, ihr Verhältnis zum Sohn gleicht dem einer Schwester. Doch übernahm sie die Rolle einer fürsorglichen

Mutter, zunächst für den Sohn, dann aber auch für alle anderen Wesen des Himmels und der Erde.

Sodann schuf Gott den Heiligen Geist, die Engel, die menschlichen Seelen und die Urbilder der Tiere, der Pflanzen und all dessen, was heute in materieller Form in Erscheinung tritt. Gott war zum Vater geworden und die Mutter zur Mitschöpferin. Wenn der Vater beispielsweise das Urbild des Engels aus sich heraussetzte, nahm sie es liebevoll in ihre Hände, faltete es auf und versetzte es in die Vielfalt der Engel. Sie schuf also ihre Individualitäten und gab ihnen ihre Namen. Das gilt auch für die Urbilder der Tiere und Pflanzen, denen die Mutter ebenfalls zu unendlicher Vielfalt und Fülle in einem paradiesischen Dasein verhalf.

Die Menschenseelen allerdings wurden vom Vater unmittelbar als Individualitäten geschaffen. Jede von ihnen ist eine eigene Facette aus der Innenwelt Gottes, ein Idealbild, ein Ebenbild des Vaters, wenngleich jede ein wenig anders, weil der Vater so vielgestaltig ist. Doch sie alle nahm die Mutter in die Hände, lächelte sie an, gab ihnen ihren ewigen Namen und entließ sie liebevoll in ihre paradiesische Existenz.

Diese Schöpfung ist euren Seelen als »das Paradies« in Erinnerung. Manchmal wird euch das Erinnerte zu Bewusstsein kommen, und ihr werdet ein gewisses Heimweh empfinden.

Gott schuf also die Welt, indem er Teile seiner Innenwelt aus sich heraussetzte. Das war nicht ein einmaliger Akt, sondern Gott schöpft ständig weiter aus seiner Innenwelt, die in ihrer Fülle und ihrem Reichtum unerschöpflich ist. Er liebt seine Innenwelt und liebt sie unverändert weiter, auch wenn sie zur Außenwelt geworden ist. Das findet ihr angedeutet in den – den einzelnen Schöpfungstagen immer wieder hinzugefügten – Worten: »Und Gott sah, dass es gut war.«

Euch ist gesagt: »Liebe deinen Nächsten wie dich selbst«, und das heißt auch: »Tut es Gott nach, liebt *auch* eure Außen- wie eure Innenwelt.« Wer sich selbst verachtet, wird auch andere verachten. Nur wer sich selbst liebt und für sich einsteht, kann auch die Fähigkeit erlangen, Gott und seinen Nächsten zu lieben – und damit der zu werden, der er eigentlich ist.

Mutter, Sohn, Heiliger Geist

Das Geschaffensein erfüllte die Geschöpfe mit Freude und Dankbarkeit. Dem gaben sie mit Lobpreis Ausdruck. Die himmlische Mutter tanzte in vollendeter Choreografie vor dem Vater. Die Bibel deutet das im Buch der Sprüche Salomos an. Hier ist von der himmlischen Sophia die Rede, der ewigen Weisheit, die ein Aspekt der himmlischen Mutter ist. Sie brachte die Bewegung in die Welt:

Sprüche 8, 22: »Mich hat Jahwe erschaffen als Erstling seiner Welten, als frühestes seiner Werke von urher. 23. Ich war vor aller Zeit gebildet, von Anbeginn an, als die Urfluten noch nicht waren, noch nicht die Quellen wasserreich. 24. Bevor die Berge gegründet waren, vor den Hügeln ward ich hervorgebracht, 26. als er das Land und die Fluren noch nicht gemacht, nicht die ersten Schollen der Erde. 27. Ich war dabei, als er den Himmel erstellte, einen Kreis in die Fläche der Urflut zeichnete. 28. Als er oben die Wolken befestigte, die Kraft der Urflutquellen bestimmte, 29., als er dem Meer seine Grenze setzte, dass die Wasser nicht sein Geheiß übertraten, als er die Festen der Erde umriß: 30. Da war ich der Liebling an seiner Seite, war Tag für Tag das Ergötzen, indem ich die ganze Zeit vor ihm spielte. 31. Da spielte ich auf dem weiten Rund seiner Erde und hatte mein Ergötzen mit den Menschenkindern.«[6]

Doch auch der Sohn war beteiligt. Die Geschöpfe, die die Mutter aus ihren Händen entließ, begaben sich zu ihm hin. Er nahm sie brüderlich an die Hand und zeigte ihnen, wie sie einander hilfreiche Gefährten werden und ihre Schritte gemeinsam tun können. Er gab ihnen Orientierung.

Der *Heilige Geist* fasst die Impulse des Vaters, der Mutter und des Sohnes zusammen und vermittelt sie hinunter zu

6   Ähnlich bei Jesus Sirach 24,9: »Von der Urzeit her, im Anfang wurde ich erschaffen.«

den Hierarchien der Engel und durch sie zu den Menschenseelen. Auch er gehört zu den Erstlingen der Schöpfung. Genau genommen ist die Trinität also eine Quaternität. In der Formel »Vater, Sohn und Heiliger Geist«, die auf den sogenannten »Taufbefehl« zurückgeht (Mt.28, 19), wird allerdings von der Mutter geschwiegen. Warum, wurde euch schon einmal erklärt.[7] Hier will ich nur hinzufügen, dass der Heilige Geist als Tochter des Vaters und Schwester des Sohnes zu verstehen ist, sodass es eigentlich heißen müsste: *die* Heilige Geist (oder Heilige »Geistin«). Doch das konnte sich aus sprachlichen Gründen nicht einbürgern.

Den Vater erfüllte es mit großer Freude, dass er nun nicht mehr allein war. Es war Gemeinschaft entstanden, zunächst die Gemeinschaft mit Mutter und Sohn, die eine unverbrüchliche Einheit bilden. Über alle Zeiten hinweg wirken sie seither zusammen und werden das immer tun. Sie bilden eine Dreieinigkeit, die aber aufgefächert ist in die Dreifaltigkeit mit je verschiedenen Aufgaben, die stets harmonisch zusammenstimmen: eine ewige Quelle des Friedens, der Freude und der Liebe.

Den Vater erfüllte noch etwas mit Freude. Er hat Himmel und Erde nicht erschaffen müssen, er schuf sie aus freiem Entschluss, und er machte die Freiheit zu einem Grundprinzip und Wesensmerkmal seiner Schöpfung. Da er die Menschenseelen als sein Ebenbild schuf, gehörte

---

7 Siehe: Alexa Kriele, Wie im Himmel so auf Erden, Bd. I, S. 163 ff.

schon deshalb dazu, dass auch sie mit Freiheit ausgestattet sind. Doch auch die Engel stattete er mit Freiheit aus. Freiheit bedeutet, Wahlmöglichkeiten zu haben und Entscheidungen treffen zu können, die nicht so vorhersehbar sind wie der mechanische Ablauf eines Uhrwerks. Gott wollte mit einer gewissen – ihr würdet sagen – Neugier zuschauen, welchen Gebrauch sie von ihrer Freiheit machen werden, was sich aus den Möglichkeiten heraus so alles entwickeln wird. Er erwartete – noch einmal bildlich gesprochen: Es wird ein großer Weltenroman werden, der von Liebe und Treue handelt.

Woher, womit, wofür?

Wollt ihr euch das Zusammenspiel von Vater, Mutter und Sohn anschaulich machen, so orientiert euch an den Fragen: »Woher? Womit? Wofür?«

Woher? Alles Seiende stammt aus der Innenwelt Gottes. Vor der Schöpfung war es bloße Möglichkeit, Idee, Gedanke, also Inhalt ohne Struktur, Form und Gestalt. Doch die Möglichkeit wurde Wirklichkeit, die Idee Realität, indem Gott sie aus sich heraussetzte. Die Struktur nahm Form und Gestalt an oder erlangte sie aus den Händen der Mutter. Kann man von etwas sagen: »Das gibt es«, dann hat es Form und Gestalt, eine Struktur, eine innere Ordnung. Es ist von allem anderen so deutlich unterscheidbar wie Stuhl und Tisch. Allerdings spreche ich hier noch nicht von materiellen Dingen. Auch ein Gedanke, der in Worten ausgedrückt werden kann, hat Form und Gestalt, ebenso ein Wunsch, eine Hoffnung, eine Erwartung, eine Beziehung, eine Vorstellung und so fort.

Auch das Idealbild des Engels hat Form und Gestalt. Ihr könntet ja sogar versuchen, es in einer künstlerischen Skulptur nachzubilden oder es zu malen. Dasselbe gilt für alle Urbilder. Alle waren in ihrer Art vollkommen und von göttlicher Schönheit.

Womit? Diese Urbilder nahm die Mutter in ihre Hände und versetzte sie in die Vielfalt unzähliger Individualitäten, die ein eigenständiges Leben führen konnten, eine jede nach ihrer Art. Anders gesagt: Sie kleidete sie ein in Körperlichkeit, in ein materielles Gewand. Dieses war zwar nicht »handfeste Materie«, aber so sichtbar, wie wir Engel noch heute für euch sind, wenn ihr uns mit den »inneren Augen« wahrnehmt. Was ursprünglich bildhaftes Dasein hatte, wurde in den Händen der Mutter vielfältiges Leben, oder – mit heutigen Worten ausgedrückt – was in der Schöpfung virtuell angelegt war, wurde real.

Anders war es allerdings bei der Mutter selbst: Sie und ebenso der Sohn und der Heilige Geist hatten schon in Gottes Innenwelt eine reale Existenz. Die Einheit »Vater, Mutter, Sohn und Heiliger Geist« bestand von Ewigkeit her und wird in Ewigkeit sein.

Anders war es auch bei den Menschenseelen: Auch sie

existierten in Vielzahl und Realität schon im Vater. Denn jede war eine Facette der Innenwelt Gottes. Jede ist ein wenig anders als alle anderen, denn Gottes Innenwelt ist unendlich vielfältig und »facettenreich«. Jede ist auf ihre Art als Ebenbild Gottes geschaffen. Die Mutter hatte also nicht aus einem idealen »Urbild des Menschen« die Vielzahl und Realität erst werden lassen. Sie hat vielmehr jede einzelne Menschenseele in die Arme genommen, sie liebevoll angelächelt und ihr einen ewigen Namen gegeben, der ihrer Eigenart entsprach. Diesen Namen trägt jeder von euch noch heute. Er wird von euren Engeln bewahrt und geschützt. Ihr könnt ihn gelegentlich auch erfragen, wenn ihr auf dem Wege seid, euch wieder dem Ebenbild Gottes anzunähern, das ihr vom Ursprung her seid.

Wofür? Auf diesem Weg nimmt euch der Sohn brüderlich an die Hand und begleitet eure konkreten Einzelschritte. Auf das »Jetzt« kommt es ihm an. Nach eurem Sterben wird er mit euch gemeinsam auf euer jetziges Erdenleben zurückblicken und euch fragen: Wofür hast du gelebt? Wolltest du lernen, lehren, heilen, erziehen, Politik gestalten, andere erfreuen, ihnen Gutes tun oder einfach einmal ausruhen? Was war der Grundgedanke der Lebensabsprache mit deinem Sonnenengel? War der gut für dich und für alle anderen? Und wie hast du ihn umgesetzt?

Während es dem Vater um Vollkommenheit und der Mutter um Vielfalt ging, geht es dem Sohn darum, dass ihr ganz *vollständig* werdet. Ihr sollt nämlich die Schöpfung in all ihren Lebensmöglichkeiten rundum erfahren. Diese Erfahrungen sollt ihr ansammeln und in euch integrieren. Mit der Zeit sollt ihr auch lernen, sie bewusst zu erinnern. Ihr sollt euch nicht ziellos, sondern sinnvoll inkarnieren, d. h. so, dass ihr mit den verschiedenen Kulturen, Religionen, Gesellschaftsschichten, Lebenssituationen, Geschlechterrollen und Berufen vertraut werdet. Bei der endgültigen Heimkehr werdet ihr dann vielfältige Spezialisten und zugleich Generalisten sein. Ihr braucht es auf keinem Gebiet zu Vollkommenheit gebracht zu haben, aber ihr solltet gelernt haben, alle Konstellationen des Lebens zu meistern und allen anderen mit Verständnis und Liebe zu begegnen. So werdet ihr wieder zu dem Ebenbild Gottes, das ihr vom Ursprung her eigentlich seid.

Was diese drei Fragen – woher? Womit? Wofür? – für euer jetziges Leben bedeuten, wird euch die folgende Litanei deutlich machen. Beginnt mit der Formel: »Die Erde aber war wüst und leer. Finsternis lag über dem Abgrund, und der Geist Gottes schwebte über den Wassern.« Dann wendet euch dem Vater zu:

Gott, Du Liebender, Dich bete ich an.
Gott, Du Allmächtiger, Dich bete ich an.
Gott, Du Wissender, Dich bete ich an.
Und so fort: Du Mächtiger, Gütiger, Strahlender, Schöpfender, Verzeihender, Glänzender, Glückbringender, Ruhender, Allumfassender. Ihr solltet mindestens

zwölf solcher Attribute finden. Das »Dich bete ich an«
könnt ihr auch abwechseln mit »Dich preise ich«.

Dann wendet euch mindestens zwölfmal an die himmlische
Mutter und wechselt ab zwischen Bitte und Dank, zum
Beispiel:

Mutter, die Du uns schützt, Dich bitte ich.
Mutter, die Du so viel gelitten hast, Dir danke ich.
Mutter, die Du uns Hoffnung gibst, die Du so unendli-
che Vielfalt schaffst, die Du uns Trost sendest, die Du uns
Geduld lehrst, die Du uns liebend begleitest, die Du alles
trägst, die Du Versöhnung bringst, die Du Frieden stif-
test, die Du unser Herz beruhigst, die Du uns segnest …

Bei der Mutter stellt ihr also nicht wie beim Vater auf ihr
»Sosein« ab, sondern auf ihr Tätigwerden.

Gleiches gilt beim Sohn:
Christus (oder »Herr«), der Du die Liebe gelebt hast,
Dir folge ich nach.
…, der Du alles für uns gegeben hast,
Dir folge ich nach.
Der Du Zeugnis gabst, der Du milde geurteilt hast,
der Du Geduld gezeigt hast, der Du Dich geopfert
hast, der Du für uns gelitten hast, der Du den dunklen Mächten keinen Schritt entgegengekommen bist,

der Du geschwiegen hast, der Du Vorbild warst, der Du Aufklärung gebracht hast, der Du helfend und heilend gewirkt hast...

Wichtig ist nur, dass ihr nicht nur den Vorsatz zur Nachfolge aussprecht (»Dir will ich nachfolgen«), sondern seine Umsetzung ohne Bedingung und Vorbehalt bekräftigt: (»Dir folge ich nach«).

»Geschaffen« und »geschafft«

Das deutsche Wort »schaffen« hat einen Doppelsinn. Im Rückblick sagt ihr entweder: »Ich habe etwas geschaffen«, oder »ich habe etwas geschafft«. Habt ihr etwas geschaffen, so habt ihr den Schöpfungsprozess nachgeahmt. Die meisten von euch wissen, dass in euren Innenräumen nicht nur Engel wirken, sondern auch Vater, Mutter und Sohn. Sie geben euch die Impulse zum »Woher?«, »Womit?« und »Wofür?«

Wenn ihr etwas »geschafft« habt, werden folgende Fragen sich als sinnvoll erweisen: »Wer hat euch unterstützt, euch gelehrt, euch geholfen, euch Freiraum verschafft, euch den Rücken freigehalten?« Da war eine Gemeinschaft beteiligt.

Wenn Mozart eine Oper schuf, so war er mit Inspirationen beschenkt (woher?), er wusste, mit welchen Mitteln er sie umsetzen konnte (womit?) und dass er unzähligen Menschen Freude bereiten würde (wofür?). Aber damit war es nicht getan. Er bedurfte des Librettodichters, des Druckers, der Erbauer des Opernhauses, der Sänger, der Chöre, der Orchester, der Instrumentenbauer, der Kulissenmaler, der Kostümschneider und so fort. Sein kreatives Schaffen war auf Gemeinschaft angewiesen.

Auch ihr seid auf Gemeinschaft angewiesen. Das Erreichen der Vollständigkeit wird euch durch die »Teamarbeit« eurer Zwölferkreise erleichtert, wie manche von euch schon wissen: Jeweils zwölf Seelen werden von einem Sonnenengel durch die Äonen geführt. Jede von ihnen lässt nach Ablauf einer jeden Inkarnation die anderen elf an ihren Erfahrungen teilhaben. Diese nehmen diese Erfahrungen so intensiv in sich auf, als hätten sie sie selbst gemacht. Sie können diese also ihrem eigenen Erfahrungsschatz hinzufügen und in ihn integrieren.[8]

Sechs Übungen

ELmalach: Ehe wir weitergehen, möchte ich euch bitten, bis zum nächsten Mal zwei Übungen zu machen, in denen ihr das Gesagte auf euer jetziges Leben bezieht. Es geht darum zu erfahren, wie ihr kreativ sein könnt, worin ihr gut

8   Eingehender siehe: Alexa Kriele, Wie im Himmel so auf Erden, Bd. III, S. 257–261 (14.8.1996)

seid oder wie ihr es werden könnt und wo ihr ein hilfreiches Team braucht.

Erste Übung:

Woher? (Vater-Aspekt) Versucht einmal zu ergründen: Was war der Grundgedanke, die Idee dieses Lebens? In welchem Punkt wollte ich mein Vollständigwerden bereichern? Warum war das logisch nach meinen bisher gemachten Erfahrungen? Mit welchen Seelen wollte ich zusammenarbeiten? Was habe ich mit dem Sonnenengel abgesprochen?

Womit? (Mutter-Aspekt) Mit welchen Fähigkeiten, Begabungen, Temperamenten bin ich ausgestattet, woran mangelt es mir? Welches Gewand wurde mir angelegt? Mit welchen Gemeinschaften arbeite ich zusammen?

Wofür? (Sohn-Aspekt) Ist das, was ich tue, gut für mich? Und für alle anderen? Inwiefern? Welche anderen Möglichkeiten hätte es gegeben? Habe ich die beste ergriffen, oder könnte ich das noch tun?
Notiert bitte eure Antworten.

Notizen:

Zweite Übung:

In der *zweiten Übung spitzt* ihr diese Fragen auf den jeweiligen Tag zu. Fragt euch am frühen Morgen:

Woher? Was soll der Grundimpuls dieses Tages sein? Aus welchen Zusammenhängen entstammt die heute vorherrschende Idee? Stammt sie aus meiner Lebensabsprache und damit vom Himmel?

Womit? Welche Kräfte kann ich für meine Vorhaben einsetzen? Mit welcher Laune, mit was für einem Gesichtsausdruck will ich das tun?

Wofür? Dient mein heutiges Tun dem Gesamtkontext meiner Lebensabsprache? Dient es dem Ausruhen, der Erholung, der Freude und den anderen dadurch, dass ich wieder erträglicher werde? Worin soll der Sinn dieses Tages liegen?

Notizen:

_____

_____

_____

_____

_____

_____

_____

_____

_____

_____

_____

_____

_____

Wenn ihr diese Übungen regelmäßig macht, werdet ihr Energie, Licht und Lebendigkeit, mit denen ihr als Facette aus der Innenwelt Gottes erfüllt seid, immer wirkungsvoller zur Geltung bringen können.

»Gott«

»Im Anfang schuf *Gott* Himmel und Erde.«

Elmalach: Der Bedeutung des Wortes »Gott« nähert ihr euch am besten, indem ihr eine Reihe von Übungen macht. Ich kann euch dazu eine Anleitung geben, aber ihr könnt sie nur selber machen, und ich bitte euch, das wirklich zu tun.

Erste Übung:

Beginnt mit der Frage: Was verbindet sich mit dem Begriff Gott? Was ist Gott für mich? Was ist er für andere in meiner Umgebung? Was ist er für Angehörige anderer Religionen und Kulturen in der Gegenwart? Welche Rolle spielt er in der mir bekannten Geschichte? Was fällt mir dazu ein?

Gott ist der Allmächtige, der Ewige, der Große, der, von dem man sich kein Bild machen darf, der Allliebende, der

Richter, der Strafende, der Vater, Vater und Mutter, Vater,
Sohn und Heiliger Geist.

Gut. Als Erstes macht euch klar, was in euch selbst anklingt, was ihr – vielleicht bedingt durch Erziehung und Tradition – für das Wesentliche haltet, was ihr besonders liebt oder fürchtet. Ihr tragt alle ein Bild Gottes in euch, und das macht bitte zum Ausgang aller weiteren Schritte.

Sodann erinnert euch, was ihr über die Gottesbilder anderer Menschen wisst, und ergänzt dieses Wissen um weitere Informationen. Was klingt bei anderen Menschen an – in eurer Umgebung, in anderen Kulturen in der Gegenwart und der Vergangenheit? Das ist eine Frage des Studiums und läuft über den Intellekt.

Zweite Übung:

Schaut einmal geradeaus aus dem Fenster und fasst den Gegenstand, auf den euer Blick fällt, genau ins Auge. Es ist vielleicht ein Dach, eine Kuh, ein Auto, ein Vogel oder ein Baum – was immer. Fragt euch: Was ist daran das Wesentliche, das Gute, das Schöne? Und sagt euch: Das ist eines von Millionen und Abermillionen Attributen Gottes.

Notizen:

Es gibt viel mehr Attribute, als es Dinge gibt, da die Dinge ja mehrere wesentliche, gute und schöne Merkmale haben können. Die Dinge sind für verschiedene Zwecke verwendbar, sie sind genial erfunden, von Menschenhand künstlerisch geformt, oder sie sind ein Stück Natur, das euch mit seinem Blühen oder Zwitschern oder einfach wegen seiner Form und Gestalt anrührt. Ihr könnt ein Leben lang die Dinge der Welt betrachten und werdet die Attribute Gottes noch immer nicht alle erfasst und ausgeschöpft haben.

Dritte Übung:

Breitet in einer sternklaren Nacht eine Decke auf der Wiese aus, legt euch auf den Rücken, blickt in den Sternenhimmel und lasst die unermessliche Weite auf euer Gemüt wirken. Fragt euch: Wenn mein Ursprung in Gott ist, wo komme ich her? Und wenn meine Seele unsterblich ist, und ich sterbe, wo gehe ich hin? Wo ist Gott? In der Ferne des Sternenhimmels? Bei dem Gedanken kann euch schwindlig werden; ihr wisst nicht mehr, wie groß oder wie winzig klein ihr seid.

Dann schließt die Augen und spürt nach: Bin ich selbst ein Teil vom Sternenhimmel, oder ist mir der Himmel ganz nahe? Er ist unmittelbar hier, genau vor meiner Nasenspitze, nur einen Herzschlag entfernt. Ich bin mitten in diesem Kosmos. Diejenigen unter euch, die mit den Innenräumen der Seele vertraut sind und wissen, dass das sogenannte Schädel-Chakra der innere Kosmos ist, können sich in völliger Schwerelosigkeit in ihn hineinversetzen.[9]

Notizen:

_____

_____

_____

_____

_____

_____

_____

_____

_____

_____

_____

9 Siehe dazu: Alexa Kriele, Wie im Himmel so auf Erden, Bd. II, S. 58 (25.8.95)

Vierte Übung:

Setzt euch in Ruhe hin, schließt die Augen, versucht euren Herzschlag zu spüren und werdet euch auch eures Ein- und Ausatmens bewusst: Der Herzschlag geschieht in mir, der Atem durchströmt mich. Ohne mein Zutun halten sie mich lebendig – während ich schlafe, während ich wach bin. Es geschieht mit mir, ich habe Teil daran, ob ich daran denke oder nicht, ob ich es will oder nicht.

Es ist Gottes Herzschlag, der in mir pulsiert, sein Atem, der mich durchströmt. Die Welt ist keine Maschine, kein tickendes Uhrwerk, sondern ich bin Teil der lebendigen Schöpfung. Die Schöpfungskraft des Vaters ist jung und frisch wie am ersten Tag. Ich habe teil an ihr, und ich vermag ihre Lebendigkeit auszustrahlen. Es liegt in meiner Hand, mögliche Verhärtungen oder Blockaden aufzulösen und vergehen zu lassen. Ich trage Gott in mir, ich brauche ihn nicht zu suchen, sondern nur zu finden.

Könnt ihr das so oder so ähnlich erleben, oder welche Schwierigkeiten stellen sich ein?

Notizen:

_____

_____

_____

_____

_____

_____

_____

Fünfte Übung:

Wenn ihr zu Gott betet, dann lebt in euch ein ganz
persönliches Seelenbild von ihm. Versucht einmal, dieses Bild zu malen oder zu zeichnen – oder ein passendes
Bild der Kunstgeschichte auszuschneiden oder zu kopie-
ren. Sieht es für euch zum Beispiel aus wie auf Michel-
angelos Gemälde in der Sixtinischen Kapelle? Oder so,
wie ein Künstler Abraham oder Moses dargestellt hat?
So wie ihr Fotos von euren Lieben bei euch tragt, solltet
ihr auch ein solches Abbild haben und hier wiedergeben
oder einkleben.

Wie blickt Gott euch darauf an: streng und furchterregend oder freundlich und gütig? Der Kontakt geht über den Blick, nicht über das Wort. Viele Beter klagen, dass Gott sie nicht hört, ihnen jedenfalls nicht antwortet. Es geht darum, die Distanz zu überbrücken und eine persönliche Beziehung entstehen zu lassen, die einen Dialog ermöglicht, wenn auch nur so, dass die Antwort von Engeln übermittelt wird. Hier ist Raum für ein Bild und für Notizen, in denen ihr eure Erfahrungen skizzieren könnt.

Notizen:

_____

_____

_____

_____

_____

_____

_____

_____

_____

_____

Sechste Übung:

Um den Umgang mit Gott noch inniger, vertrauter
und entspannter werden zu lassen, stellt euch bitte einmal folgendes Szenario vor: Es klingelt an eurer Tür.
Gott kommt zu Besuch. Ihr bittet ihn, sich einen Platz
auszusuchen. Ihr setzt euch ihm so gegenüber, dass ihr
ein Gespräch miteinander führen könnt. Das klingt jetzt
sehr leger, aber keine Angst! Gott weiß seine Autorität
zu wahren und lässt das schmunzelnd mit sich machen.

Den Platz, wo er saß, werdet ihr künftig – wie andere
den »Herrgottswinkel« – mit frischen Blumen schmü-
cken. Dieser Platz ist ab jetzt für ihn reserviert, weder
Mensch noch Tier sollen dort Platz nehmen. Euch
wird es künftig leichter fallen, aus dem Gebetsmonolog
einen Dialog werden zu lassen. Nur, verfallt bitte nicht
in den Fehler, Gott um Eingriffe zu bitten!

Notiert bitte eure Erfahrungen mit dieser Übung.

Notizen:

_____

_____

_____

_____

_____

_____

_____

_____

Zur Evolution des Gottesbildes

Der Hohelehrer: Wer ist Gott? Wie ist er? Ihr seid Kinder Gottes, also stellt sich euch die Frage: »Du mein Vater, wer bist du denn, wie bist du? Zeig dich mir! Ich möchte dich erkennen, ich möchte dich verstehen, ich möchte dich lieben.« Es ist legitim, sehend lieben zu wollen, nicht zuletzt, weil Gotteserkenntnis auch ein Stück Selbsterkenntnis ist. Durch die Erkenntnis des Vaters erfahrt ihr zugleich mehr über euch selbst. Und das ist im Sinne des Himmels.

In der Bibel findet ihr zwei große Gottesbilder. Das im Alten Testament dominierende Gottesbild macht euch wahrscheinlich zu schaffen: Gott als zorniger, rächender, manchmal sehr brutal für Ordnung sorgender Oberfeldherr, dem man gehorcht, damit man ihn nicht erzürnt. Denn sein Zorn ist furchtbar.

Das ist natürlich keine hinreichende Beschreibung Gottes. Warum ist es dann in der Heiligen Schrift so niedergelegt? Vor allem, damit die gefallenen Mächte etwas haben, worin sie sich wiederfinden und was sie veranlasst, das Heilige Buch bestehen zu lassen. Es wurde aber auch ein Aspekt Gottes verdeutlicht, den die Menschen brauchten, um die Schritte zu gehen, die in ihrer Zeit für ihre Entwicklung sinnvoll waren. Indem Gott als der fürchterlich zornig werdende Ordnungshüter gesehen wurde, wurden die Grundlagen dafür gelegt, dass sich der Mensch als ein Ordnung-Schaffender, Ordnung-Akzeptierender, Ordnung-Liebender und gegebenenfalls auch Ordnung-Durchsetzender erfahren konnte. Der Mensch empfand sich als einer, der das lebt und der das kann. Er geriet allerdings dabei auf schreckliche Abwege, traf allerlei Fehlentscheidungen und schlüpfte in Maskeraden.

Im Neuen Testament ist dieses Gottesbild nicht ganz verschwunden. Es ist aber überlagert von dem Gottesbild eines liebevollen Vaters, der möchte, dass ihr mit ihm sprecht, dass ihr z. B. zu ihm betet – »Vater unser, der du bist im Himmel«. Er möchte, dass ihr euch als seine Kinder, also zu seiner Familiengemeinschaft gehörend, begreift, was euch in eurem Selbstverständnis sehr aufwertet. Er sagt euch nicht einfach nur: »Du hast Geboten und Regeln zu gehorchen«, sondern: »Du bist mein geliebtes Kind, du hast Freiheiten, du kannst über die Stränge schlagen, du kannst auch mal davonlaufen. Wenn du dann wiederkommst, werde ich dich nicht strafen, sondern dich erst recht lieben. Dann werden wir ein Fest feiern. Du kannst immer auf meine liebevolle Hand und mein liebevolles Auge setzen. Ich trage dich, ich halte dich, ich behüte dich, ich leite dich.

Das ist, was Jesus vermittelt hat: einen Vater, der immer für euch da war, da ist und da sein wird, begleitet von einer Mutter, die zwar auch streng sein kann und die Ordnung weiterhin vertritt, aber letztlich immer Gnade vor Recht ergehen lässt. Sie ist gütig, großzügig, langmütig, geduldig, liebenswürdig, immer bereit, die kleinste Geste sofort zu erkennen und anzuerkennen.

Dieses Bild Gottes macht es euch möglich, den Menschen in seinem Wert und in seiner Würde zu achten. Er vermittelt euch die Einsicht, dass der Mensch nicht einer Ameise unter Ameisen gleicht, dass ihm vielmehr Menschenwürde und Menschenrechte zukommen. Er führt ein eigenes Leben mit eigenem Recht, mit eigenen Pflichten, mit einem eigenen Ziel, und zwar auch, wenn er sich in Gemeinschaften einfügt. Im Neuen Testament lernt ihr auch manches andere, aber das ist eine der Hauptbotschaften, die Jesus in eurem Bewusstsein verankern wollte.

Das Gottesbild des Alten Testaments steht nicht mehr im Vordergrund. Es ist, als ob ihr beim Blättern in einem alten Fotoalbum sagen würdet: »Ach, so hat er mal ausgesehen! Na ja, das ist lange her. Heute haben wir das Gottesbild des liebevollen Vaters.«

Jetzt aber geht es einen Schritt weiter. Es gibt noch einen weiteren Aspekt, den Gott euch von sich selber zeigen möchte, nämlich den Schöpfer, den Künstler.

Es ist ja kein Zufall, dass ihr euch zunehmend Gedanken macht über das Universum, seine Entstehung, seine Entwicklung, seinen gegenwärtigen Zustand und seine Zukunft, insbesondere über die Evolution auf eurem Planeten mit seiner Flora und Fauna, sogar über die Möglichkeit anderer Erden. Ihr fragt euch auch, wie es auf der Erde weitergeht, ob der Mensch hier weiter Heimstatt findet. Ihr fragt euch, wie das alles zusammenhängt. Denn dieses Nachdenken führt zu Erkenntnissen über den Schöpfer und damit auch über den Menschen. Ihr lernt Gott kennen als den Schöpfer und den Künstler, und das eröffnet euch einen neuen Zugang zu Gott.

Der Künstler ist der Schöpfer eines Werkes. Insofern ist Gott, der sich entschließt, zum Schöpfer zu werden, ein künstlerischer Gott. Der Künstler, der ein Kunstwerk erschaffen hat, fragt sich: »Ist das mein Meisterwerk? Ist es gut so?« Und er erschrickt natürlich, wenn er sieht: »Oh, mein Werk hat einen Makel. Da ist etwas passiert, das nicht hätte passieren dürfen.«

Wenn ihr euch künstlerisch betätigt, dann kennt ihr die Freude am Schaffen, aber auch den Moment, wo dem Schöpfer das Herz für einen Moment stillsteht und er sich bang fragt: »Habe ich es jetzt kaputt gemacht? Ist es schon fertig, bin ich zu weit gegangen, oder ist es jetzt gut? Ist das mein Meisterwerk, oder ist es für den Papierkorb?« Haltet ihr es wirklich für unmöglich, dass Gott seine Werke kritisch betrachtet hat und sich fragte: »Ist es gelungen oder nicht?« Der biblische Schöpfungsbericht setzt das voraus, indem er immer wieder sagt: »Und Gott sah, dass es gut war«. Warum soll er angesichts des »Falls der Engel« nicht auch einmal gesagt haben: »Nein, was ich vorhatte, ist nicht gelungen«, wenn er sich doch als Künstler verstand, der ein Meisterwerk schaffen wollte?

Meint ihr, das lasse ihn zu menschlich erscheinen? Doch Gott so zu sehen, sollte zumindest ab jetzt erlaubt sein. Das macht Gott nicht kleiner. Im Gegenteil, es macht ihn nur verständlicher in seiner Größe. Ist denn absolute Allmacht und unerschütterliche Selbstsicherheit das höchstmöglich erreichbare Ideal?

Fragt euch einmal, ob ihr einen solchen Gott gern zum Vater hättet. Nein, ihr möchtet, wenn ihr ehrlich seid, zwar einen Meisterkünstler, den Meisterschöpfer schlechthin, den Besten der Besten, aber einen, der sein eigenes Werk kritisch anschaut. Selbstkritische Betrachtung ist etwas, das ihr Gott wohl bisher nicht zugeschrieben habt. Sie gehört aber zu einem Meisterschöpfer.

Dass ihr zu selbstkritischer Betrachtung fähig seid, das zeichnet euch ja aus. Das habt ihr nicht irgendwie von irgendwoher, sondern von Gott. Das ist ja gerade das Grandiose, dass ihr imstande seid, euch und euer Tun zu hinterfragen und auch andere kritisch zu betrachten. Achtet darauf, dass ihr das immer liebevoll, liebenswürdig, gutmütig tut, unterlasst es aber nicht. Auch darin seid ihr Ebenbilder Gottes.

Denn genau das macht Gott, und diese Fähigkeit könnt ihr am besten entwickeln, indem ihr Gott darin nachahmt. Das war nie so wichtig wie jetzt. Ihr habt gelernt, die Schöpfung technisch zu nutzen, aber nun lernt ihr auch, sie zu lieben, zu verehren und zu schützen. Eure Fähigkeit, Wissenschaft zu betreiben und Technik zu nutzen, schreitet voran. Eure technischen Mittel werden immer raffinierter, komplexer, ausgeklügelter, machtvoller. Damit werden auch die Herausforderungen und die Gefährdungspotenziale immer größer. Deswegen braucht ihr dringend die Fähigkeit zur selbstkritischen Betrachtung, die allerdings liebevoll und konstruktiv bleiben sollte, also nach der bestmöglichen Lösung sucht, so, dass das Beste für euch und für alle daraus entstehen kann.

Deswegen vermitteln euch die Engel dieses Gottesbild. Es gehört ja zu ihren Aufgaben, euch Botschaften und Informationen zukommen zu lassen, die euren Fähigkeiten und dem Grad eurer Mündigkeit entsprechen. Sie lehren euch, dass Gott nach dem Fall der Engel seine Schöpfung selbstkritisch betrachtete und ernstlich erwog, sie zurückzunehmen. Er ließ sie aber nach Abwägung aller Umstände bestehen und wählte damit die bestmögliche Lösung. Das gehört zu dem, was die Engel euch vermitteln wollen, weil es jetzt an der Zeit ist.

Die Fähigkeit zur selbstkritischen Betrachtung ist also keine Schwäche, sondern eine Stärke. Das bedeutet nicht, dass kritische Betrachtung immer Stärke bedeutet. In den meisten Fällen solltet ihr das Kritisieren anderer besser unterlassen. Bedenkt aber, dass der »ungläubige Thomas« Jesus hochwillkommen war. Er war einer der Lieblingsjünger Jesu. Jesus mochte den kritisch Hinterfragenden.

Die Kirche als Institution mochte das weniger, was auch verständlich ist, weil Institutionen sich mit Kritik immer schwertun. Sie haben es erst zu lernen, mit ihr konstruktiv umzugehen. Sie fürchten, sich selbst dabei zu unterminieren oder auszuhöhlen. Das ist eine schwierige Herausforderung, aber die Kirche wird sie in Zukunft meistern. Sie hat jetzt zu lernen, dass Kritikfähigkeit eine göttliche Gabe ist, vor allem die Fähigkeit zur selbstkritischen, konstruktiven Betrachtung. Diese solltet ihr auch für euch als Tugend entdecken und entwickeln.

Sie ist allerdings zu unterscheiden von Skepsis und Zweifel als Grundton aller Emotionen und allen Denkens, vor allem der Außenwelt gegenüber. (Den eigenen Standpunkt hinterfragt man eher selten.) Die Tugend, um die es geht, zeigt sich im kritischen Blick, gepaart mit wohlwollendem

Lächeln: »Na, war es optimal, suboptimal, oder gar noch ein bisschen darunter? Und was machen wir jetzt am besten daraus?«

Die Mutter überzeugte den Vater, dass es das Beste sei, die Schöpfung bestehen zu lassen. Dass die Mutter hier ins Spiel kam, lehrt euch noch etwas Wichtiges: Gott gibt es nur im Team. Das Neue Testament sagt: Er hat einen Sohn. Doch es gibt auch noch die Mutter, und es gibt den Heiligen Geist. Gott hat eine echte Partnerschaft, eine Familie, ein Team, das Hand in Hand zusammenwirkt.

Auch euch gibt es nur als Team. Die alleinige Leistung eines Einzelnen gibt es weder in der Politik noch in der Kunst noch in der Wissenschaft noch in der Wirtschaft. An allen großen Leistungen hatten auch andere mit ihr Verdienst: Eltern, Lehrer, Partner, Gefolgsleute, Mitarbeiter, Auftraggeber, Mäzene, Machthaber. Ohne Team ist keine große Leistung vorstellbar. Und jeder hat ein Team von himmlischen Begleitern um sich herum.

Warum befremdet euch dann der Gedanke, dass Gott sich mit der Mutter beriet? So ist die Realität, so ist es gewesen. Die Zeit ist reif, es so zu sehen und seine Bedeutung zu erkennen. Die Frage: »Wer ist Gott?« könnt ihr heute nicht mehr so beantworten wie vor 3000 Jahren. Die Wahrheit ist nicht relativ im Sinne von: heute so und morgen anders. Aber sie ist dynamisch im Sinne von: Bisher konntet ihr so und so viel an Wahrheit erkennen, aber die Erkenntnismöglichkeit wird größer, ihr könnt immer mehr erkennen.

So lange es die Schöpfung gibt, werdet ihr nie ans Ende der Wahrheitssuche gelangen, weil es immer mehr gibt, das ihr in den Blick nehmen, erkennen und einsehen könnt. Die Wahrheit gleicht einer Blüte, die sich allmählich öffnet und ihre ganze Pracht entfalten wird.

Die Religion hat auf Dauer nur eine Chance zu bestehen, wenn sie die Offenbarung nicht für abgeschlossen erklärt. Die Offenbarung ist nicht abgeschlossen, sie wächst, sie blüht, sie gedeiht, und immer mehr wird offenbar werden. Mehr und mehr Rosen erblühen, werden sichtbar und beschreibbar. Sie erfüllen euer Leben, ihr werdet es erfahren. Das schmälert nicht das Verdienst der Theologen und Philosophen, die in vergangenen Jahrhunderten ihre Erkenntnisse niederlegten. Sie taten in ihrer Zeit und für ihre Zeit das Bestmögliche. Was euch jetzt die Engel sagen, wird im Laufe von hundert, zweihundert Jahren im Alltagsbewusstsein großer Teile der Menschheit lebendig werden. Und danach werdet ihr wieder einen Schritt weiter gehen.

Schneller wächst die Einsicht in die Aspekte Gottes nicht. Die Geschwindigkeit, in der das geschieht, ist langsam, nimmt aber zu. Ihr hattet einen Rhythmus von etwa tausend Jahren, jetzt von ein paar hundert Jahren. Dann werdet ihr mehr offenbart bekommen und neue Aspekte hinzufügen können. Die Wahrheit ist nicht relativ, aber sie ist dynamisch. Das Ende ist offen. Es sollte langsam, aber sicher erkennbar werden, dass das niemandem etwas von seiner Größe nimmt. Es kommt Neues hinzu, weil das einen Sinn hat, weil es einen Plan, eine Absicht dahinter gibt. Es gehört in die Gesamtentwicklung der Schöpfung hinein: vorwärts nach Hause zurück.

An dem Gedanken eines selbstkritischen Gottes, der sich von der Mutter beschwichtigen lässt, werden sich manche Theologen reiben. Aber das schadet nicht. Neue Gedanken müssen immer erst »verdaut«, geprüft, erwogen werden. Werden sie von den einen verworfen, ist das für andere Anlass, sie neu zu durchdenken und die Elemente, die auf Ablehnung stoßen, auf den Prüfstand zu stellen. So vollzieht sich der Fortschritt in der Einsicht. Nicht nur der Generationenwechsel ist ihm förderlich, sondern auch die inspirierende Mitwirkung der Engel, zu deren Aufgaben die Aufklärung gehört. Schließlich wird auch die Tatsache gewürdigt werden, dass die neue Einsicht viele offen gebliebene Fragen klärt und sich als überaus hilfreich erweist.

Nun bitte ich euch, die in diesem Abschnitt beschriebenen Übungen vor diesem Hintergrund noch einmal zu machen.

»Himmel und Erde«

»Erde«

»Im Anfang schuf Gott Himmel und *Erde*.«

Elmalach: »Erde« bezeichnet hier den Urzustand dessen, was später zum materiellen Universum gehören wird. »Gott schuf die Erde« bedeutet: Er setzte sie aus seiner Innenwelt heraus, und in dieser befanden sich keine materiell greifbaren Gestirne. Das besagt also nicht, Gott hätte den Planeten Erde gleich zu Anfang geschaffen, sondern: Er gab der Idee, dem Urbild des materiellen Universums, Form und Gestalt. Erst später, mit dem sogenannten »Urknall«, fiel das Universum aus diesem Urzustand in den materiellen Zustand. Galaxien entstanden und schließlich auch euer Sonnensystem und euer Planet, auf dem die biologische Evolution begann.

»Himmel«

»Im Anfang schuf Gott *Himmel* und Erde.«

Alles, was nicht »Erde« ist, ist »Himmel«. Also alles, was nicht zum materiellen Universum (oder seinem urbildlichen Zustand) gehört: Die göttliche Trinität, die Engel aller Hierarchien, auch die gefallenen Engel, die nicht-inkarnierten Menschen, die Urbilder alles Lebendigen, die die Mutter erst noch in Vielfalt und Realität versetzen wird, kurz: die gesamte Schöpfung mit Ausnahme des materiellen Universums. Dieses macht ja nur einen kleinen Teil der Schöpfung aus. Es entstand erst als Folge des »Falls« der Engel. Der viel größere Teil, also der »Himmel«, ist zwar mit den äußeren Augen nicht sichtbar, ihr nehmt ihn aber in eurem Inneren wahr.

Anfangs befand sich die gesamte Schöpfung im Zustand des Paradieses. Wenn ihr sagt, etwas sei »himmlisch«, so bezieht ihr euch auf dieses Paradies. Eure Seelen verstehen, was damit gemeint ist, weil eine leise Erinnerung daran in ihnen schlummert. Sie standen in so enger Beziehung zu Gott wie ein Säugling zur Mutter, alle blickten auf ihn wie eine Kinderschar auf den Weihnachtsbaum, deren Augen in Entzücken, Freude und Dankbarkeit leuchten. Wenn ihr sagt: »Ich hoffe, in den Himmel zu kommen«, so meint ihr in die Gemeinschaft mit den lichten, Gott zugewandten Engeln.

Ist das Jenseits identisch mit dem Himmel?

Wenn ihr sterbt, kommt ihr normalerweise tatsächlich in den Himmel, allerdings in einen besonderen Teil des Himmels, das »Jenseits«. Dieses richtete die himmlische Mutter für euch ein, als die Evolution so weit fortgeschritten war, dass ihr euch inkarnieren konntet. Das Jenseits bildet einen Gegenpol zum Diesseits mit zahlreichen Entsprechungen.

Dort halten sich eure Seelen zwischen zwei Inkarnationen auf, damit ihr dort euer verflossenes Erdenleben durcharbeiten, euch erholen, auftanken, euch auf neue Inkarnationen vorbereiten könnt. Ihr werdet dort ein Gespräch mit Christus führen und euch alsdann in eurem heimatlichen Zwölferkreis einfinden, der sich um euren Sonnenengel schart.

Im Jenseits gibt es ein Vorher und Nachher, also Zeit, die allerdings relativ und nicht mit Uhren messbar ist. Es gibt auch Raum: eine feinstoffliche Umgebung, zum Beispiel eine Landschaft, und zwar je nach euren Wünschen und Vorstellungen, sozusagen »virtuelle« Realitäten. Das Jenseits hat also bei aller Unterschiedlichkeit auch gewisse Ähnlichkeiten mit dem »Diesseits« (das für *uns* das Jenseits ist). Denn es dient der Verarbeitung des Spannungsfelds zwischen Licht und Dunkel, in das ihr während eures Erdenlebens gestellt seid.

Seit dem »Fall der Engel« habt ihr es ja nicht nur mit lichten, sondern auch mit gefallenen Engeln zu tun. Zwar hatte Gott nur lichte Engel geschaffen, und auch ihr seid im Innersten licht. Aber er hat sowohl die Engel als auch euch mit Freiheit ausgestattet. Das Prinzip der Freiheit ist ein Wesensmerkmal seiner Schöpfung. Freiheit schließt aber die Möglichkeit ein, sich von Gott auch abzuwenden und den lichten Impulsen Widerstand entgegenzusetzen. Von dieser Freiheit machte etwa ein Drittel aller Engel Gebrauch. Daher seid ihr nun in das Spannungsfeld zwischen Licht und Dunkel gestellt.

Für eure Aufgaben auf Erden seid ihr mit Sonnenengel, Führungsengel, Schutzengel und den Wesen eurer Innenräume ausgestattet. Aber euch ist auch ein »Doppelgänger« beigestellt, ein gefallener Engel, dessen dunklen Einflüsterungen ihr jederzeit ausgesetzt seid. Da alle Menschen dem ausgesetzt sind, vergeht kein Tag, an dem ihr nicht unter der missbrauchten Freiheit anderer zu leiden habt, von kleinen bis zu den großen Ungerechtigkeiten und Grausamkeiten. Aber es vergeht auch kein Tag, an dem ihr nicht selbst den Einflüsterungen eures Doppelgängers – zumindest geringfügig – erliegt. Auf Erden stellen euch die Widersachermächte gewissermaßen »Fallen«, in die ihr immer wieder hineintappt. Deshalb bedarf es nach dem Sterben, bevor ihr in euren heimatlichen Zwölferkreis gelangt, einer gewissen Zeit der Gewissenserforschung, der Läuterung und schließlich des Gesprächs mit Christus. Im Jenseits seid ihr vom Doppelgänger befreit und deshalb in der Lage zu Klarheit und Aufrichtigkeit.

Du sagtest: Normalerweise durchschreiten die Seelen der Verstorbenen das Tor zum Himmel. Was meinst du mit »normalerweise«?

Einigen gelingt das nicht. Sie irren als »*verlorene*« oder »*arme Seelen*« umher. Dazu kommt es, wenn sich in einem Menschen die Überzeugung verfestigt hat, es gebe keine Existenz ohne irdischen Körper. Stirbt der Mensch, so macht seine Seele überrascht die Erfahrung, dass sie noch existiert, versucht aber bei ihrem abgelegten Körper und dessen bisheriger Heimstatt zu bleiben. Sie spukt da herum, bis sie aus diesem Wahn erlöst wird. Dieser Erlösungsarbeit widmen sich Engel, aber auch Menschen, vor allem in Klöstern und Orden. Auch ihr wisst ja, was ihr dazu beitragen könnt.[10]

Kann eine Seele auch in die Hölle kommen?

Manche Seelen kommen ins Jenseits mit der Überzeugung, sie hätten auf Erden eine Schuld auf sich geladen, die im Himmel nicht vergeben werden könne und die sie der Begegnung mit Christus unwürdig mache. Sie hocken dann in sich gekehrt und verzweifelt in einer kalten Steinwüste. Engel und kraftvolle Heilige bemühen sich, sie von der Vergebungsbereitschaft Gottes zu überzeugen und ihren hart-

---

10 Siehe: Alexa Kriele, Wie im Himmel so auf Erden, Bd. III, S. 164–168 (13.6.96), und Alexa Kriele, Mit den Engeln über die Schwelle zum Jenseits, S. 202–205

näckigen Widerspruch zu überwinden. Erst wenn ihnen das gelungen ist, können die Seelen vor Christus treten und dann in ihren Zwölferkreis zurückkehren.

Die theologische Tradition – nicht nur die christliche – deutet diese kalte Steinwüste in eine feurige Hölle um, und sie hält – oder hielt zumindest – für möglich, dass die Seele »ewige« Qualen darin leiden werde. Diese Vorstellung ist menschlichen Ursprungs. Sie entstand vor allem aus der Meinung, der Mensch könne nur durch entsetzliche Ängste auf den rechten Weg geführt werden. Die Schöpfung ist aber göttlichen Ursprungs und wird am Ende in Gott heimkehren. Gott wird keine ewige Hölle in sich aufnehmen, und außerhalb seiner wird nichts sein.

Das Buch Genesis sagt es euch deutlich: Im Anfang schuf Gott nicht Himmel und Hölle, sondern Himmel und Erde. Er schuf sie, indem er sie aus seiner Innenwelt heraussetzte, und in dieser befanden sich weder Hölle noch Teufel.

Diese entstammen auch nicht einer antigöttlichen Gegenwelt, gleich ursprünglich wie seine Schöpfung und diese überdauernd. So haben es zwar früher die sogenannten dualistischen Weltvorstellungen gesehen. Diese entsprechen aber nicht der Wirklichkeit. Lasst sie einfach auf sich beruhen und haltet euch an die Wahrheit: Die angebliche Hölle gibt es nicht, und folglich ist das »Jüngste Gericht« auch nicht so zu verstehen, dass ihr zur »ewigen Hölle« verurteilt werden könntet. Diese Vorstellungen beruhen auf menschlichen Missverständnissen.

Löst euch überhaupt von der Vorstellung, es könne in der Schöpfung Räume geben, die den dunklen Mächten gehören, sie hätten sie sich erobert oder sie seien ihnen zugeteilt worden. So etwas gibt es nicht. Auf Erden gibt es zwar zerstörte Landschaften, Kriegsgebiete, Elendsviertel, Gefangenenlager usw. – aber die sind nicht von Gott, sondern von Menschen unter Anleitung der gefallenen Hierarchien verursacht worden.

Ihr Menschen schafft euch euer Umfeld selbst. Das kennt ihr ja: Der eine schafft sich »die Hölle auf Erden«, der Nachbar ein gemütliches Zuhause. Ihr könnt sogar jeden Morgen darüber entscheiden, ob ihr den Tag durch Übellaunigkeit verderben oder lieber fröhlich gestalten wollt. Im Jenseits ist diese Selbsterschaffung des Umfelds noch viel ausgeprägter: Die eine Menschenseele umgibt sich mit einer zauberhaften Alpenlandschaft, die andere mit einem Dom, die dritte mit einem Haus am Meer – und alle drei in unmittelbarer Nachbarschaft.

In gleicher Weise versetzen sich die verzweifelten Seelen in die »kalte Steinwüste«. Sie ist nicht eine Gegebenheit, die unabhängig davon vorhanden wäre, ob sie von Menschenseelen bevölkert ist oder nicht. Sie besteht nur in der Vorstellung der Seelen. Sie spiegelt ihren inneren Zustand, sie ist die »innere Hölle«. Diese Menschenseelen befinden sich zwar im »Jenseits«, das ein Teil des Himmels ist, aber noch in der Übergangsphase der Läuterung. Erst wenn sie diese bestanden haben, werden sie den Weg zu Christus und danach zu ihrem Zwölferkreis finden. Dazu könnt ihr mit begleitenden Gebeten helfen. Das tut auch die Kirche mit den Fürbitten für die Seelen der Verstorbenen: »Das ewige Licht leuchte ihnen.«[11]

Bitte fragt euch einmal, wo ihr euch selbst und anderen eine »innere Hölle« bereitet und wie ihr da herausfinden und andere daraus erlösen könntet.

Notizen:

_____

_____

_____

_____

_____

_____

_____

_____

_____

_____

---

11 Zur sogenannten Hölle eingehender siehe: Alexa Kriele, Mit den Engeln über die Schwelle zum Jenseits, S. 93–101

»und«

»Im Anfang schuf Gott Himmel *und* Erde.«

Stünde da: »Im Anfang schuf Gott den Himmel und auch die Erde«, so wäre der Klang dieses Satzes ein ganz anderer.

Erstens klänge er fast so, als würde gesagt: »Gott schuf den Himmel und übrigens außerdem auch noch die Erde.« Da bliebe die Frage offen, ob die Erde überhaupt etwas mit dem Himmel zu tun hat. Stehen nicht zweierlei Dinge – Himmel und Erde – unverbunden nebeneinander?

Zweitens klänge der Satz so, als gäbe es a) eine zeitliche Rangfolge – erst schuf Gott den Himmel und dann die Erde, und b) eine inhaltliche Priorisierung: Die Erschaffung des Himmels sei das Wichtige, die der Erde sei zweitrangig.

Nun heißt es aber: Im Anfang schuf Gott Himmel *und* Erde. Das Wörtchen »und« weist *erstens* auf Zusammengehörigkeit und Verbundenheit von Himmel und Erde hin. *Zweitens* stellt es klar, dass beide gleichzeitig gleichberechtigt erschaffen wurden.

Aus diesen Faktoren ergibt sich ein weiterer Gesichtspunkt. Himmel und Erde stehen *drittens* in einer Polarität, die sich nicht bekämpft, sondern ergänzt und in einer Weise zusammenwirkt, dass daraus etwas Neues entstehen kann – so wie Vater und Mutter das Kind entstehen lassen. Die Schöpfung ist in sich selbst schöpferisch: Der Himmel, also die beim Vater gebliebene Schöpfung, ist der zeugende Teil, die Erde, also die in die Materie gefallene Schöpfung, der empfangende. In ihrem Schoß wächst immerzu das göttlich gezeugte Neue heran, wird geboren, vermehrt sich, gewinnt an Kraft und Vollständigkeit. Es wird vom Sohn brüderlich an die Hand genommen und geführt – bis die Schöpfung schließlich zu Gott heimkehren wird. In dem unscheinbaren Wörtchen »und« findet ihr also einen Hinweis auf das fortwährende kreative Walten der Dreiheit »Vater, Mutter, Kind«.

Das Wörtchen »und« in diesem Text vermittelt euch also drei Einsichten: die enge Verbundenheit, die Gleichwertigkeit und die kreative Polarität von Himmel und Erde. Das ist für euer Leben von großer praktischer Bedeutung: Eure Seele wandert von Inkarnation zu Inkarnation zwischen Himmel und Erde hin und her und sammelt hier wie dort Erfahrungen. Sie gewinnt hier wie dort Impulse, die sie braucht, um reifen und zur Vollständigkeit voranschreiten zu können.

Ihr lebt auf der Erde, bleibt aber mit dem Himmel innig verbunden. Der Herzschlag und Atem Gottes pulsieren in euch. Die Innenräume eurer Seele sind von himmlischen Wesen bevölkert. Ihr werdet lebenslang von Engeln begleitet, geführt und beschützt. Ihr werdet durch die mit eurem Sonnenengel getroffene Lebensabsprache geleitet. Ihr betet zu Gott, ihr meditiert, ihr kontempliert, ihr glaubt, ihr hofft, und ihr lernt eine Menge über die himmlische Welt.

Also, der Himmel ist nicht nur irgendwo fern von der Erde, er ist unmittelbar in euch, um euch und bei euch: Er ist genau hier.

Dann wieder lebt ihr im Himmel, bleibt aber innig verbunden mit der Erde. Zunächst habt ihr euer irdisches Leben im Rückblick durchzuarbeiten, zu erleben, was ihr anderen zugefügt habt, es moralisch zu beurteilen, euch einem Gespräch mit Christus zu stellen. Wenn ihr euch dann in eurem Zwölferkreis einfindet, lasst ihr die anderen elf Seelen an euren irdischen Erfahrungen teilhaben, und ihr macht euch die Erfahrungen der anderen zu eigen. Danach seid ihr in verschiedener Weise tätig, bereitet euch dabei aber schon auf euer nächstes Erdenleben vor. Schließlich besprecht ihr mit eurem Sonnenengel, wann und wo ihr euch inkarnieren wollt, welche irdischen Aufgaben ihr übernehmen werdet und wie euer Erdenleben im Großen und Ganzen verlaufen wird.

Das alles hat die Verbundenheit, die Gleichwertigkeit und die kreative Polarität von Himmel und Erde zur Grundlage und Voraussetzung.

Notiert bitte einmal, wie ihr in eurem bisherigen Leben die Gegenwart des Himmels erfahren habt, zum Beispiel welche Begegnungen der Führungsengel gefügt hat, welche Gefahren der Schutzengel abgewendet hat, welche Inspirationen euch erleuchtet haben, welche Grundentscheidungen von eurer Lebensabsprache mit dem Sonnenengel bestimmt wurden, wann ihr vom Heiligen Geist erfüllt wart, wie ihr mit Vater, Mutter oder Sohn in einen Dialog gefunden habt.

Notizen:

_____

_____

_____

_____

_____

_____

_____

_____

_____

_____

_____

_____

_____

_____

_____

DER FALL DER ENGEL UND DIE FOLGEN

Was geschah

»Die Erde aber war wüst und leer, Finsternis lag über dem Abgrund, und der Geist Gottes schwebte über den Wassern (Gen. 1,2).«

Elmalach: Dieser zweite Satz des Buches Genesis widerspricht Satz 1 diametral. Da ist nicht mehr die Rede vom »Himmel«, also von den mit Freiheit ausgestatteten lichten Wesen, die Gott dankbar zugewandt sind und in paradiesischer Seligkeit leben. Da ist die Rede von »Abgrund«, »Finsternis« und »Leere« – dem Chaos (Tohuwabohu).

Es muss ein Ereignis eingetreten sein, das alles verändert hat, eine Katastrophe von kosmischem Ausmaß. Das setzt das Buch Genesis voraus, belässt es aber bei dieser Andeutung.

Was war geschehen? Etwa ein Drittel der Engel hatte sich von Gott abgewandt. Wenn ihr verstehen wollt, wie es dazu kommen konnte, stellt euch einmal vor, ihr befändet euch in einem »Urlaubsparadies«, wie es die Tourismusprospekte anbieten. Ihr genießt Sonne und Meeresstrand, seid reichlich mit allem versorgt, befindet euch in lieber Gesellschaft, es wird viel gesungen, getanzt und gelacht. Alle Wünsche sind erfüllt, ihr seid rundherum glücklich. Doch mit der Zeit wird es langweilig, es stellt sich Überdruss ein. Es herrscht ein »Zuviel des Guten«. Es ist zwar schön im Paradies, aber noch schöner wäre es, wenn das Leben aufregender, abwechslungsreicher, spannender, dramatischer, interessanter wäre.

So ähnlich stellt euch das Empfinden der Engel vor, das dann zu ihrem Fall führte. Was sie in Versuchung führte, waren nicht Einflüsterungen listiger dunkler Wesen – die gab es noch gar nicht. Es war auch nicht der Neid – es gab ja keinerlei Hierarchie der Macht oder des Besitzes. Es war der Gedanke: So perfekt ist die paradiesische Schöpfung doch nicht, das hätte Gott besser machen können. Es war ein abschätziges Urteil und damit Hochmut, Überheblichkeit und Besserwisserei: *Wir* hätten es besser gemacht.

Diese Engel bauten innerhalb des Paradieses einen eigenen Machtbereich auf, einen Gegenpol zum Vater. Doch mit dieser Einstellung konnten sie sich dort natürlich nicht halten, denn der Einklang mit dem Vater macht ja das Wesen des Paradieses aus. Diese Engel wurden also nicht hinausgeworfen, sie fielen heraus, stürzten ab, und das wirkte sich auf die ganze Schöpfung aus.

So wie ihr das von Erdbeben kennt, die durch Spannungen und Verschiebungen der Erdkruste ausgelöst werden, so geriet die Schöpfung in ein Beben, das einen Teil von ihr von dem sehr hohen energetischen Niveau auf ein tiefer liegendes hinabfallen ließ. Anders gesagt: die Schwingungen wurden langsamer, und die Materie entstand.

Das ist der Vorgang, den eure Astronomen als den »Urknall« zu bezeichnen pflegen, und den manche mit dem Schöpfungsakt Gottes verwechseln. Er knallte allerdings nicht. Aber in der Tat entstand mit ihm das sich ausbreitende Universum, das Gegenstand eurer astronomischen Forschung ist. Es kam zur Entstehung der Galaxien und nach mehreren Milliarden Jahren zur Entstehung eures Sonnensystems und der Erde.

Dieser Vorgang hat also mit der Schöpfung nichts zu tun, die war längst vorangegangen. Wenn es im ersten Satz der Bibel heißt: »Im Anfang schuf Gott Himmel und Erde«, so meint »Himmel« das Paradies und »Erde« den Teil der Schöpfung, der von dem Fall mitgerissen werden konnte und in den langsameren Schwingungszustand der Materie geriet.

Es gab eine Art sichere Burg, einen ruhenden Pol, nämlich die Trinität. Diejenigen Geschöpfe, die der Trinität am nächsten und ihr unverbrüchlich zugewandt waren – also die an der Abwendung nicht beteiligten Engel und die Menschenseelen –, konnten sich im Paradies halten. Alles, was weiter entfernt war, fiel in die Materie, wurde vom Fall der Engel mitgerissen. Die gefallenen Engel stürzten zwar nicht selbst in die Materie. Sie waren immer noch Engel. Sie trugen in sich auch noch den Lichtfunken, der Heimkehr und Umkehr möglich macht. Aber sie fielen aus dem Paradies und machten die Evolution der materiellen Welt zu ihrem Tummelfeld.

Der Vater war bestürzt. Er hatte die Engel als freie Wesen erschaffen und wusste um die Möglichkeit, dass sie sich von ihm abwenden könnten. Er wusste, dass sich freie Entscheidungen zwar im Voraus vermuten, nicht aber im Voraus wissen lassen. Denn dann wäre das keine Freiheit. Doch der Missbrauch der Freiheit machte ihn zornig. Er erwog ernstlich, die ganze Schöpfung zurückzunehmen.

Die Mutter legte ihm – wieder bildhaft gesprochen – die Hand auf den Arm und bat darum, die Schöpfung bestehen zu lassen. Sie versprach ihm, die gefallene Schöpfung weiterhin in ihrer Obhut zu behalten und dafür Sorge zu tragen, dass sie nach einem langen Entwicklungsweg wieder heimkehren werde: »Es wird alles wieder gut werden.« Und auch der Sohn versprach, das Seinige dafür zu tun. Das überzeugte den Vater. Er war sich nun gewiss: Seine Schöpfung sehnt sich danach, wieder zu ihm zurückzukehren. Die gefallenen Engel werden des Dramas, das sie sich gewünscht haben, überdrüssig werden, sie werden sich einer nach dem anderen wieder den lichten Engeln zugesellen. Am Ende der Zeiten wird alles gut werden.

Versucht einmal, euch gefühlsmäßig in die Situation nach dem Fall zu versetzen: Die Erde war wüst und leer,

Finsternis lag über dem Abgrund. Wie fühlt sich das an? Alles ist dunkel, grau in grau, gestaltlos, formlos, orientierungslos – ein Zustand der Verlorenheit, und das vor dem Hintergrund: Es war doch mal ganz anders, es war licht, freudig, in Liebe geborgen. Das ist nun weit weg, es scheint unwiederbringlich verloren.

Ein solcher Zustand kann nichts anderes auslösen als tiefste Bestürzung, Wehmut, Traurigkeit, ja sogar die verzweifelte Frage: Gibt es Gott überhaupt noch? Das Buch Genesis sagt ja nicht: »Gott schwebte über den Wassern.« Auch der »Heilige Geist«, der die Fortexistenz Gottes voraussetzen würde, schwebte da nicht. Der »Geist Gottes« scheint nicht mehr zu sein als bloß noch eine Erinnerung an Gott, ein Nachklang des einst Gewesenen.

Aber was heißt dann: Er schwebte »über den Wassern«? Wasser ist das nicht Verhärtete, Felsige, Kantige, es ist beweglich, es kann strömen, es lässt sich in Bahnen lenken. Der Satz sagt euch also: Gott ist noch da, er unterscheidet noch das Bewegliche vom Unbeweglichen, er blickt darauf, er existiert noch, er hält auch die gefallene Schöpfung noch in Händen, es gibt noch Hoffnung.

Ergänzende Fragen

Wir würden gern noch genauer verstehen, wie die Evolution des Universums mit dem »Fall der Engel« zusammenhängt und was das für uns Heutige bedeutet.

ELmalach: Bitte, stellt eure Fragen.

1. Du sagtest: Der sogenannte Urknall war eine Folge des »Falls der Engel«. Diese sind aber gar nicht in den materiellen Zustand gestürzt, das widerfuhr zunächst nur der mineralischen Welt. Wie erklärt sich das?

Es gibt Abstufungen im Grad der Freiheit. Die mineralische Welt hat an dem Schöpfungsprinzip »Freiheit« so gut wie gar nicht teil. Sie hat kein Bewusstsein von gut und böse, sie trifft keine Entscheidungen. Die Turbulenz, die der Fall der Engel auslöste, hat sie einfach »mitgerissen«, sie aus ihrer leichten, schnellen Schwingung in eine schwere, langsame versetzt.

Schon Flora und Fauna wurden nicht mitgerissen. Sie hatten und haben ein Bewusstsein für »schön« und »nicht schön«. Sie traten erst später in das materielle Universum ein. Sie taten das freiwillig auf Bitten der Mutter, als einige Gestirne die Bedingungen dafür zur Verfügung stellten.

Engel fallen überhaupt nicht in die Materie, sondern ins

Dunkel, genauer gesagt in einen lichtärmeren Zustand. In diesen »Fall« wurden allerdings viel mehr Engel mitgerissen als sich an der hochmütigen Abwendung von Gott beteiligt hatten. Zu ihnen kamen diejenigen hinzu, die nur zu 99 % anstatt zu hundert Prozent auf Gott ausgerichtet waren. Sie möchten eigentlich in die Gemeinschaft der lichten Engel zurückkehren. Aus ihren Reihen kamen die Ersten, die das auch schon getan haben, Jahr für Jahr kommen neue hinzu. Letztlich werden alle gefallenen Engel heimkehren und sagen: »Vater, hier bin ich.« Ihnen wird sofort vergeben, und die lichten Engel nehmen sie sofort wieder in ihre Reihen auf. Wenn der Letzte diesen Schritt getan hat, wird die Schöpfung in den immateriellen Zustand des Paradieses zurückkehren.

Wie ist der Beginn des Falles vorstellbar? Fällt da ein Engel sozusagen heraus aus dieser hohen Schwingung durch einen hochmütigen Gedanken und zieht dann andere mit? Ist es so, dass der Gedanke automatisch »schwer« macht?

Ja. Sie geraten weiter weg von Gott, die Intensität der Schwingungen lässt nach. Solange du Gott liebst, bist du ihm nah. Sobald du in Antipathie, in Zweifel, ins Abwerten gerätst, weichst du vor dem Odem Gottes zurück, bis du einen Punkt findest, wo du dich aufhalten kannst. Und du reißt andere mit, die sich durch dich von der Zugewandtheit zu Gott abbringen lassen. Sie müssen noch nicht einmal von Antipathie erfüllt sein, das heißt, es werden viele mitgezogen, die in die kollektive Dynamik hineingeraten sind. Nicht alles, was da fällt, ist böse oder »dunkel«.

Die Engel und die Menschenseelen, die Gott zugewandt sind, bemerken den Vorgang zunächst gar nicht. Ihr könnt euch das Ganze vorstellen wie einen Wirbel in den Tiefen des Meeres, während die Oberfläche des Wassers ruhig bleibt.

In der Evolution geht es um die Frage: Wie finden wir zurück zu Gott? Die Menschenseelen inkarnieren später in diese gefallene Schöpfung hinein und arbeiten mit an ihrer Heimführung. Da gibt es inspirierte Seher, Erleuchtete, Religionsgründer, Philosophen, Künstler, die euch sagen: »Ich habe einen Weg entdeckt! So geht es zurück zu Gott!« Der eine findet ihn toll, der andere sagt: »Das ist nichts für mich. Ich suche mir einen anderen Weg«, so zum Beispiel Christian Morgenstern »Wir fanden einen Pfad« (1914). Wieder andere sitzen dem Doppelgänger auf, der sagt, dass es überhaupt keinen Weg gebe.

Im Grunde geht es darum, wieder in eine höhere Schwingung zu kommen. Das ist so simpel wie unmodern und altmodisch. Es geht darum, alle Antipathien, alles Negative fallen zu lassen, also möglichst zu unterlassen, was zum Fall geführt hat, und zu kultivieren, was euch näher zu Gott hinführt.

Der Grad der Freiheit ist am höchsten bei den Menschen. Sie wissen zwar oft nicht, was sie tun, weil ihr Intellekt das

Woher und Wohin nicht zu erfassen vermag. Sie erfassen es aber in den Innenräumen der Seele.

Sind also die auf der Erde lebenden Geschöpfe nicht alle gleichrangig, sondern hierarchisch gegliedert: Mensch – alle anderen Geistwesen – Natur – mineralische Welt?

Richtig, und diese Stufen sind nochmals untergliedert. Je langsamer die Schwingung, desto weniger Licht.

Die Menschen sind Ebenbilder Gottes. Diese Ebenbildlichkeit macht sie zu einem Bindeglied zwischen Schöpfer und Schöpfung. Der göttliche Odem schuf eine so innige Beziehung, dass die Seelen damals nicht fallen konnten. Sie haben nach dem »Fall der Engel« mit dem Sohn zusammen beschlossen: »Da werden wir was tun!«

So kam Bewusstsein in das Paradies. Die Kraft, die das Böse will, hat das Gute geschaffen. Das Ergebnis des Ganzen war ja nicht eine allgemeine Abkehr von Gott, sondern die Sehnsucht: Zurück zu Gott! Die Menschenseelen stellten sich in den Dienst dieser Aufgabe. Abwertung und Gleichgültigkeit rissen viele Engel mit. Aber der Großteil der Engel ist nicht gefallen, sondern stellte sich in den Dienst der Menschenseelen, um ihnen bei der Erfüllung ihrer Aufgabe zu helfen.

Für uns stehen die Engel hoch über uns, ganz nahe bei Gott.

Das ist eure subjektive Wahrnehmung jetzt, wo ihr inkarniert seid und die Aufgabe habt, den Angriffen der dunklen Hierarchien standzuhalten und sie vom Lichten zu überzeugen. Da erlebt ihr die lichten Engel als Helfer und Beschützer. Ja, wir dienen euch bei einer Aufgabe, die in erster Linie *euch* anvertraut ist, die euch am Ende auch gelingen wird. Ihr seid mächtiger als wir. Wir könnten mit den gefallenen Engeln nur *reden*, aber das haben wir aufgegeben, es führt zu nichts. Ihr könnt sie durch *Handeln* überzeugen und die Schöpfung ins Paradies zurückführen.

Warum gibt es Doppelgänger an der Seite des Menschen?

Die himmlische Mutter richtete die Ordnung so ein, dass ihr durch den Sonnenengel im Himmel verankert seid und dass euch Schutzengel und Führungsengel, aber eben auch Doppelgänger begleiten. Der Doppelgänger – ein gefallener Engel – ist eine Konzession an die Dunklen. Diese Konzession machte die himmlische Mutter ganz bewusst: Die dunklen Hierarchien könnten nicht erlöst werden, wenn ihr nicht mit ihnen zusammen agieren würdet. Wäret ihr Menschen heilige Wesen, die gar keine engere Beziehung zu den dunklen Kräften aufnehmen, dann könntet ihr sie nicht erlösen. Das geht ja nur, indem die Menschen sie in ihre Nähe lassen, mit ihnen in Beziehung stehen, wie immer der Mensch sie dann gestaltet. Ein Mensch kann für seinen Doppelgänger zum Vorbild werden und ihn sogar erlösen. Das geht nur, weil Mensch und Doppelgänger über viele Jahre und Jahrzehnte ganz nah miteinander umgehen. Die Himmlische Mutter legte fest:

- Evolution ist in sich ein religiöser Akt. Sie ist ein Weg zurück zum Urzustand, zum Paradies.
- Evolution folgt ganz klaren Strukturen und Ordnungen: wie oben so unten, wie unten so oben.
- Die Evolution ist, weil sie zielgerichtet ist, aufsteigend und führt notwendigerweise zu einer immer direkteren Verbindung des Geschöpfes zum Vater.

Das bedeutet, dass auch die Beziehungen des Menschen zu sich selbst, zu anderen Menschen und zur Natur zwei Möglichkeiten kennen: Entweder werden sie immer schwieriger, oder sie gelingen. Das können sie nur, wenn Gott eine Rolle spielt. Dann wird zum Beispiel in der Beziehung zum anderen Menschen klar: Ich liebe ihn, weil ich das Heilige, das Göttliche, das Einzigartige, das Meisterwerk in ihm sehe und liebe, weil ich sozusagen Gott in ihm liebe. In der Beziehung zu euch selbst ist es nicht anders. Eure Beziehung zur Natur ist gelungen, wenn ihr die Natur als Schöpfung Gottes, als Wohnort Gottes, als etwas Heiliges achtet. Es geht in Zukunft immer mehr um die Alternative: religiös oder gar nicht, mystisch oder gar nicht.

2. Wenn dereinst die Schöpfung ins Paradies heimgekehrt sein wird, kann es dann nicht wieder zum Fall kommen, weil einige Engel es wieder öde und langweilig finden?

Nein. *Erstens* führte das allein ja nicht zum Fall. Dazu kam es erst, als einige Engel sich über Gott erhoben und beanspruchten, es besser machen zu können als er.

Zweitens wird es aber auch nicht mehr öde und langweilig sein. Das künftige Paradies wird sich von dem anfänglichen Paradies in zweierlei Hinsicht unterscheiden: Alle Geschöpfe stehen in lebendiger Beziehung zueinander, und die Erinnerung an die Erlebnisse und Erfahrungen bieten unendlich viel Stoff für Geschichten und Reflexionen.

Standen die Geschöpfe im ursprünglichen Paradies nicht in Beziehung zueinander? Ab wann kamen sie in Beziehung zueinander?

Im Paradies nahmen sie ihr Umfeld zwar wahr. Ihr Blick war aber allein auf Gott gerichtet, so wie ein Verliebter nur Augen für eine Person hat oder wie der Säugling auf die Mutter ausgerichtet ist. Die Geschöpfe standen untereinander in gar keiner Beziehung, weder einer positiv-freundlichen noch einer negativ-ablehnenden. Es gab nicht einmal Reflexionen über fehlende Beziehungen.

Erst nach dem Fall wurden Beziehungen zum Gegenstand des bewussten Erlebens und der Reflexion. Da habt ihr gelernt, zu anderen und auch zu euch selbst bewusst in Distanz zu gehen, vor allem aber diese Distanz zu überbrücken: »Liebe deinen Nächsten wie dich selbst.« Dieser Grundsatz wird das künftige Paradies völlig beherrschen.

Was wird im künftigen Paradies anders sein?

Sprechen wir zunächst von euch. Ihr werdet *erstens* all den Menschenseelen wieder begegnen, mit denen ihr in unzähligen Inkarnationen einmal oder öfter verbunden wart – sei es in Beziehungen der Ehe, Familie, Liebe oder Freundschaft, sei es in der kritischen Beziehung zu einstigen Gegnern, die dann auch zu Freunden geworden sein werden. Ihr werdet *zweitens* unzähligen Menschenseelen begegnen, mit denen ihr noch nicht in Beziehung standet, die nun aber auch zu Freunden werden. Es gibt immerzu Jubelfeste der Freundschaft, des Glücks, des Interesses füreinander.

Und wie ergeht es den Engeln?

Nicht anders. Auch sie begegnen den anderen Engeln, mit denen sie zusammengearbeitet haben oder mit denen sie noch in keiner engeren Beziehung gestanden haben, auch mit denen, die gefallen waren und nun wieder ihre Freunde sind. Und sie begegnen den Menschenseelen, die sie begleitet haben und die ihnen Dank entgegenbringen, aber auch den vielen anderen, mit denen es bisher noch keine Beziehung gab.

Dazu kommen noch die Begegnungen der Menschenseelen und der Engel mit den Urbildern der Tiere und der Pflanzen und mit den Naturgeistern, die sie begleitet haben.

Kurz: Es gibt unendlich viel zu erzählen, zu betrachten und zu reflektieren. Da kommt keine Langeweile mehr auf. Folglich gibt es auch gar keinen Anlass zur hochmütigen Verurteilung Gottes. Die Engel, die sich einstmals dazu haben hinreißen lassen, haben ihre Erfahrungen gemacht und sind zur Einsicht gekommen. Im künftigen Paradies gibt es nur noch Liebe, Freude und Lebendigkeit.

Wird Gott dann diese heimgekehrte Schöpfung wieder in sein Inneres aufnehmen?

Ja, und er wird mit Stolz sagen können, dass sich das Grundprinzip der Freiheit bewährt hat. Er wird dieses Prinzip auch in einer neuen Schöpfung zugrundelegen, allerdings darauf achten, dass die Fähigkeiten zur Kommunikation von vornherein erweitert und verankert sind. Aber mit dieser Andeutung gehe ich über unser Thema und eure Frage hinaus und belasse es dabei.

3. Diese Zukunftsperspektive hätte sich nicht eröffnet, wenn es nicht zum »Urknall« und damit zur Entstehung und Evolution des materiellen Universums gekommen wäre. Legt das

nicht den Schluss nahe: Gott habe den Fall der Schöpfung vor-
gesehen?

Er hat ihn nicht vorgesehen, aber er war als eine Möglichkeit vorhanden. Alles, was er aus sich herausgesetzt hat, war
ja in seinem Inneren bloße Möglichkeit gewesen. Und er
wusste natürlich, dass zur Freiheit die Möglichkeit des Miss-
brauchs gehört.

Wieso hat ihn der Missbrauch dann so erzürnt, dass er die
Rücknahme der Schöpfung ernstlich erwog?

Das tat er nur im ersten Schrecken und Erstaunen. Er hatte
ja keinen Anlass für den Missbrauch gesehen. Für eine theologische Tradition, die von der Allwissenheit Gottes ausgeht,
mag das unglaublich klingen. Gott hat das Prinzip der Freiheit aber so angelegt, dass künftige Entscheidungen nicht
wie ein tickendes Uhrwerk vorausgesehen werden können.
So war sein Wille, das sollte mitbedacht werden.

Seither ist er zwar immer wieder erschüttert von dem Leiden, das das Prinzip Freiheit mit sich bringt, ohne dass er
eingreifen kann. (Es ist wichtig, dass ihr stets im Auge be-
haltet, was wir euch sowohl zum Allmachtsparadox als auch
zum Freiheitsparadox erläutert haben, s. o. S. 79 ff.) Aber
Gott sah auch, dass seine Schöpfung nun auf dem Wege
zu einem Paradies ist, das viel schöner als das ursprüngliche sein wird. Es ist allerdings ein langer Weg. Vom Turm

herabfallen geht schnell, hinaufsteigen dauert lange und ist dem Gegenwind ausgesetzt, den die Freiheit nun einmal mit sich bringt. Der Weg ist nicht gradlinig, sondern eher einer aufwärts führenden Spirale vergleichbar.

Ist Gott nicht nur mit diesem Zustand versöhnt, sondern auch mit den gefallenen Engeln, die ihn ausgelöst haben?

Nun, er wartet auf ihre Heimkehr. Und bitte, verliert nie aus den Augen: *Gott straft nicht.* Es ist von größter Wichtigkeit, dass ihr euch Gott weder als einen Strafenden noch als einen Begnadigenden vorstellt. Wenn ihr Unrecht tut, werdet ihr über kurz oder lang Scham und Reue empfinden und das Unrecht wiedergutmachen wollen, sofern das noch möglich ist. Das sind aber keine Strafen Gottes, sondern Konsequenzen, die sich von selbst ergeben. Es gibt keine »Hölle«, und Gott bereitet euch auch nicht die Hölle auf Erden.

Was macht den Erfolg der lichten Seite so sicher?

Es gibt keine »letzte« Chance, wie sie euch die dunklen Hierarchien einreden wollen. Es gibt immer noch eine und noch eine und noch eine. D. h., die Idee der *Tragödie* im Sinne von »Es ist zu spät« ist zwar für einen einzelnen Menschen oder eine Familie erlebbar, aber nicht für das große Ganze. Da gibt es keine Tragödie. Die Tragödie ist ein ganz menschliches Geschehen in menschlichen Dimensionen. Da gibt es grauenvolle und entsetzliche Tragödien. Aber die Tragik ist kein Grundprinzip der Schöpfung. Dieses »es ist zu spät, es gibt keine Chance mehr« ist etwas, was die dunklen Hierarchien euch einreden möchten, aber das gehört nicht zur Realität der Schöpfung. In ihr ist es nie zu spät! Gott hat Zeit.

Es gibt für die dunklen Hierarchien nicht die kleinste Chance zu gewinnen. Das Interessante ist: das wissen sie auch. Aber Stolz und Trotz verhindern, dass sie einfach aufhören. Selbst wenn zwei einfach aufhören wollen, kommt ein Dritter und sagt: »Kommt nicht infrage!«, nur damit es keinen Konsens gibt.

Aber den Fürsten des Dunkels wird das Personal ausgehen. Gefallen sind einige wenige, mitgerissen wurden viele. Jetzt geht's zurück. Wenn zwei zum Dritten sagen: »Du bist der Letzte, der geht«, dann ist das Spiel aus für die dunklen Hierarchien. Gott wird wahrscheinlich sagen: »Spannend war's – unwahrscheinlich spannend!« Und dann wird alles, was noch in Materie befindlich ist, den materiellen Zustand verlassen und schließlich in Gott eingehen. Der materielle Zustand, Raum und Zeit – die drei Größen, die durch den Fall der Engel entstanden sind – hören dann auf zu existieren.

4. Um das Ganze noch besser zu verstehen, würden wir uns gern eine Vorstellung von dem himmlischen Paradies machen, aus dem wir kommen und zu dem wir zurückkehren. Haben wir es da nur mit Urbildern zu tun, und wie sehen die aus?

Die Menschenseelen sind unmittelbar als Individuen geschaffen, nicht als Urbild. Die Engel waren zwar als Urbild geschaffen, sind aber von der Mutter schon im Paradies in Vielfalt und Realität gesetzt worden. In urbildlicher Gestalt gab und gibt es nur die Natur (Flora und Fauna) und die mineralische Welt.

Wie können wir uns das Urbild einer Tierart vorstellen?

Ihr seht zum Beispiel einen Pinguin in seiner denkbar schönsten Gestalt wie eine Skulptur, und darüber gelegt einen Film, der ihn in Bewegung zeigt mit allem, was er kann. Ihr hört aber auch seine Laute und die Melodie des göttlichen Aspekts, den er verkörpert. Das alles wird gleichzeitig sichtbar, hörbar und fühlbar.

Was wird aus dem Urbild, wenn das Tier in der materiellen Welt in Erscheinung tritt?

Es bleibt, wo es war und wird zum »Hüter« der Tierart. Dieser steht mit jedem Exemplar der Tierart in einer energetischen Verbindung, die ihm die Dynamik des Lebens verleicht. Das haben wir ja bei früherer Gelegenheit schon einmal besprochen.[12]

Gilt Entsprechendes auch für die Urbilder der Pflanzen?

Ja, es ist ähnlich. Auch die bleiben als »Hüter der Pflanzen« im Paradies.[13]

Wie verhält es sich mit der mineralischen Welt? Gibt es da ein zusammenfassendes Urbild des Universums?

Nein, da gibt es Milliarden Urbilder für alles, was beim »Urknall« Materie wurde: fest, flüssig oder gasförmig. Die Skala reicht vom Atom über die Elemente, den Bergkristall, den Planeten bis hin zu Sonnensystemen und Galaxien, auch das alles in seiner denkbar schönsten Form, mit seinem göttlichen Aspekt und mit dem »Lied in allen Dingen«. Also im künftigen Paradies werdet ihr alle diese Urbilder wie in einem bunten Kaleidoskop um euch herum wiederfinden.

5. War Gott nur deshalb mit dem Fall und seinen Folgen einverstanden, weil der jetzige Zustand vorübergeht und die Schöpfung heimkehren wird?

12 Siehe: Alexa Kriele, Wie im Himmel so auf Erden, Ausgabe in 2 Doppelbänden 2005, Bd. II, S. 232–245
13 a.a. O. S. 150–160

Nein, nicht nur deshalb, sondern weil sich darin zeigt, dass die Schöpfung selbst agiert, dass sich also das Prinzip Freiheit wirklich bewährt.

Alle machen mit: Die Mutter handhabt die Organisation des Eintauchens der Natur und der Menschen in die Evolution zum geeigneten Zeitpunkt. Der Sohn nimmt die Menschen an die Hand und leitet sie zur Vollständigkeit. Die Menschenseelen warteten Milliarden Jahre (die im himmlischen Paradies allerdings nicht mehr sind als ein Wimpernschlag), bis es so weit war, dass sie sich inkarnieren und ihre Aufgaben übernehmen konnten, und die inkarnierten Menschen lernen mehr und mehr, sie auch tatsächlich wahrzunehmen. Die Engel helfen ihnen dabei. Die Natur und die mineralische Welt verschafft ihnen die Lebensgrundlagen dafür.

Was anfangs als Katastrophe hätte erscheinen können, erweist sich insofern als Glücksfall, als sich alles zum Guten wendet. Die Schöpfung hat sich sogar als materietauglich erwiesen! Es bekümmert Gott zwar, dass die Menschen und die anderen Wesen einander so viel Schlimmes antun. Wenigstens aber geht es aufwärts, geht die Reise zu ihm zurück, und selbst noch aus dem Schlimmsten lässt sich nachträglich etwas Förderliches gewinnen. Es gibt keine endgültige Ausweglosigkeit, wie sie für Tragödien kennzeichnend ist. Es ist allerdings zu ernst, um als Komödie gelten zu können. Es ist eine Abenteuergeschichte mit vorgezeichnetem Happy End.

Gott hat in dieser Schöpfung das Prinzip Freiheit erproben wollen und findet es jetzt noch großartig. Es geht ihm wie dem Künstler, dessen Werk ihn selbst erstaunt. Gott sieht mit Stolz, wozu seine Schöpfung fähig ist, so wie ein Vater mit Stolz sieht, wie überraschend tüchtig sein Sohn ist. Wer mit Recht stolz sein kann, wird mächtiger, er kann immer Größeres leisten.

Deshalb habt bitte keine Scheu, euch jeden Abend zu fragen: was ihr an diesem Tag geleistet habt und worauf ihr stolz sein könnt. Bringt euch das zu Bewusstsein und notiert es hier.

Notizen:

_____

_____

_____

_____

_____

_____

_____

_____

Die Wiederherstellung der Schöpfung

Licht, Liebe, Leben

Da sprach Gott: »Es werde Licht!« Und es ward Licht (Gen. 1, 3).

ELmalach: Ich leite jetzt über zur Erläuterung des Sieben-Tage-Berichts, der mit diesen Worten beginnt. Darin geht es um die Wiederherstellung der Schöpfung, genauer, um die Anpassung der Schöpfung an die veränderten Bedingungen, die durch den Fall der Engel entstanden waren.

»Es werde Licht« besagt nicht, in der ursprünglichen paradiesischen Schöpfung hätte es das Licht noch gar nicht gegeben. Es besagt vielmehr: Auch die ins Dunkle gefallene Schöpfung soll und wird wieder von göttlichem Licht durchdrungen werden. Gott hat sie weiterhin im Blick, er hält sie in seiner Hand. Das bedeutet, dass sie nicht sich selbst überlassen bleibt, dass sich vielmehr der ganze Himmel intensiv um sie bemüht.

Wir sprechen hier nicht vom optischen Licht. Dieses

setzt eine Lichtquelle voraus. Die Sonne wurde aber erst am »vierten Tag« geschaffen (Gen. 1, 14–18). Der Text sagt euch also: Das Licht war schon da, bevor es zu einem optischen Phänomen wurde. Es geht um das göttliche Urbild des Wahren, Schönen und Guten. Es hat teil an Gottes Ewigkeit. Das ursprüngliche Paradies war lichtdurchflutet, und nach dem Fall aus dem Paradies soll es nun wieder Licht werden.

Wenn ihr Licht auffächert, zeigt es sich in Farben. Das gilt nicht nur für das optisch wahrnehmbare Sonnenlicht, das sich in Farben auffächert, wenn ihr es durch ein Spektrum leitet. Es gilt auch für das »innere Licht«. Es ist da als innerlich fühlbare Kraft, als Emotion, als innere Befindlichkeit, innere Bewegtheit, innerer Klang, inneres Wort. Ihr sprecht z. B. von dem »göttlichen Funken im Herzen«, von den »strahlenden Kinderaugen« am Weihnachtsabend, von »erhellenden« Argumenten und im religiösen Sinn von »Erleuchtung«. Also auch das innere Licht zeigt sich in »Farbtönen« und »Klangfarben«.

Dieses »Urlicht« ist die reine Liebeskraft. Ihr wisst ja alle aus Erfahrung, was Liebe bedeutet und wie sie sich anfühlt, und ihr habt vielleicht auch schon erlebt, welche gewaltige Intensität die Kraft der Liebe annehmen kann. Ihr sagt ja mit Recht: »Die Liebe ist eine Himmelsmacht.« *Licht ist Liebe, und Liebe ist Licht.*

So wie das optische Licht aus einer Lichtquelle hervorgeht, den Weltraum durchflutet und wahrnehmbar wird, wenn es auf ein Objekt trifft, so geht das Urlicht, die Liebeskraft, aus Gott hervor und trifft auf seine Geschöpfe. Sie sind in der Lage, es dankbar zurückzustrahlen und der Liebe Gottes mit Gottesliebe zu begegnen. Es gibt zwar Menschen, die die Existenz Gottes nicht anerkennen und trotzdem meinen, das Universum sei von Liebe durchflutet. Doch das ist ein unsinniger Gedanke: Zur Liebe gehören natürlich immer der Liebende und der Gegenstand seiner Liebe. *Wenn das Universum von Liebe durchflutet ist, dann gibt es logischerweise auch Gott. Und nur dann gibt es auch Liebe in der Welt.* Alle anderen »rationalen Gottesbeweise« verblassen vor dieser elementaren und (hoffentlich) unmittelbar einleuchtenden Einsicht.

Alles, was in der Welt ist und geschieht, hat seinen Ursprung in der Innenwelt Gottes. Das gilt für alles Schöne, Wahre und Gute. Es gilt aber insofern auch für das Hässliche, Irrige und Böse, als Gott Menschen und Engel mit Freiheit ausstattete. Damit ermöglichte er das, was ihr als den »Fall der Engel« kennt. Dadurch trat die Welt in das Spannungsfeld zwischen licht und dunkel, zwischen gut und böse, wahr und falsch, schön und hässlich, zwischen Zuwendung zu Gott und Abwendung von ihm. So kam es zu dem dramatischen Weltgeschehen in der Natur und in der Geschichte der Menschheit: Es wurde »spannend«. Der Preis dafür waren Schrecken, Vergänglichkeit und Leid.

Seither geht es darum, das Dunkel wieder zum Licht zu

führen und so die Heimkehr der Schöpfung vorzubereiten. Darum bemühen sich alle himmlischen Wesen, doch sie sind auf die Mitwirkung des Menschen angewiesen. Daran mitzuarbeiten, macht den Sinn des menschlichen Lebens aus. Es geht darum, aus Liebe zu Gott zu finden.

Licht ist die Triebkraft allen Lebens, und in allem Lichten lebt ein Funke aus der Innenwelt Gottes. Das göttliche Licht kann in euch lebendig werden und zu Gott zurückstrahlen, ihr seid Gottes Gegenüber und könnt mit ihm in eine Ich-Du-Beziehung treten. Dieses Licht besser verstehen heißt deshalb, zu einer tieferen Gotteserkenntnis finden und damit auch zu einer wirklichkeitsgemäßeren Welterkenntnis.

Versucht mal, euch – nur für einen Moment – vorzustellen, ihr wärt verloren in einem Kosmos ohne dieses Licht. Er wäre auch ohne Wärme, Liebe und Leben, also dunkel, kalt, lieblos, unlebendig. Das ist das grauenhafte Gegenbild, das euch die dunklen Wesen vorzugaukeln versuchen. Es kann aber nicht der Realität entsprechen. In einer solchen Realität könntet ihr nicht leben, ihr könnt so etwas nicht einmal denken. Ihr könnt zwar »atheistisch« *argumentieren*, aber ihr könnt gar keine Atheisten *sein*. Die Behauptung »Gott existiert nicht« ist nicht »erhellend«, sie widerlegt sich selbst durch die bloße Tatsache, dass da ein lebendiger Mensch etwas sagt und meint.

Auch die »dunklen Wesen« – die gefallenen Engel – können nur leben und tätig sein, weil ein Rest von Licht es ihnen ermöglicht. Und sie können nur durch Anknüpfung an etwas Lichtes wirksam werden. Nehmt beispielsweise die ideologischen Wahngebilde der von ihnen beeinflussten politischen Verführer. Kein Agitator könnte die Massen gewinnen, ohne an etwas Lichtes anzuknüpfen, sei es an den Sinn für Gerechtigkeit, Freiheit und Würde, sei es zumindest an die Illusion von etwas Lichtem. Erst auf dieser Basis entflammt die Empörung über vermeintliche Feinde, die den Menschen nehmen, was ihnen zusteht. Dann erst können unwahre Behauptungen, unsinnige Kausalverknüpfungen, psychologische Unterstellungen, Simplifikationen die Menschen irreführen. Das ist die Methode der dunklen Mächte, anders könnten sie keine Wirksamkeit entfalten. Licht ist nun einmal das Zentrum allen Lebens, und Gott ist das Zentrum des Lichts. Alle religiösen und philosophischen Gottesvorstellungen verbinden Gott mit Licht und die Abwendung von Gott mit Dunkel.

Doch es gibt sehr abstrakte Gottesvorstellungen: Gott sei ein farbloses oder weißes Lichtermeer, das erstrebte »Nirwana« vielleicht ein unendliches Energiefeld, eine »Kraft« im Universum oder die Kraft ums Universum herum, dem es sein Dasein verdanke, Gott sei konturlos, er sei alles und nichts, überall und nirgends. Ihr wisst aber, dass Gott ein liebender Vater ist, der euch nach seinem Ebenbild geschaffen hat. Wenn ihr zu ihm betet, werdet ihr eine begleitende Vorstellung von ihm haben – vielleicht kindlich naiv einen alten Mann mit Bart auf dem Thron –, jedenfalls aber so, dass er euch anblicken kann.

Ihr werdet kaum jemanden finden, der sagt, er stelle sich Gott wie in einer Bleistiftzeichnung in Schwarz-Weiß vor. Vielmehr stellt ihr euch ein in Farben leuchtendes, lebendiges Antlitz vor, das Licht und Liebe ausstrahlt. Licht und Liebe sind Ursprung und Quell allen Lebens.

Die Verankerung neuer Schöpfungsprinzipien

»Es werde Licht« hieß also: Gottes Ja zur Schöpfung gilt auch unter den neuen Bedingungen, die der Fall der Engel und der Sturz in die Materie herbeigeführt haben. Gott tat aber noch etwas darüber hinaus.

Der künftig entstehenden Erde und einigen anderen Planeten wies er eine privilegierte Stellung zu: Sie sollen der Schauplatz der biologischen Evolution werden. Den Pflanzen und Tierarten werden sie Gelegenheit zu einem in die Vielfalt aufgefächerten materiellen Dasein geben. Und das schafft die Voraussetzung dafür, dass Menschenseelen sich inkarnieren und an der Heimkehr der Schöpfung mitarbeiten können. Denn diese Aufgabe können die lichten Engel nicht bewältigen, es bedarf dazu der Mitwirkung der Menschen, die sich in die materielle Welt hineininkarnieren. Sie sollten sich dieser Aufgabe bewusst werden und für sie –

salopp gesprochen – »fit gemacht« werden. Sie wurden auf diese Aufgabe vorbereitet und dazu befähigt, ihr gerecht zu werden.

Wenn Gott Ja sagt, ist er auch konsequent. Die neuen Gegebenheiten machten neue Schöpfungsprinzipien erforderlich. Damit die Schöpfung in das himmlische Paradies zurückfinden kann, bedurfte es *erstens* der Evolution des Universums so, dass menschliches Leben wenigstens auf einigen Gestirnen möglich wird. Es bedurfte *zweitens* der Orientierungsfähigkeit der künftig inkarnierenden Menschen in der materiellen Welt. Es galt also, die dazu erforderlichen Schöpfungsprinzipien *erstens* in der Natur und *zweitens* in der Seele des Menschen zu verankern. Die ursprünglich in der menschlichen Seele etablierten Prinzipien gingen nicht verloren, sie wurden aber erweitert und ergänzt.

Könntest du uns bitte an Beispielen erläutern, was sich in der Seele veränderte?

Es änderten sich zum Beispiel die Prinzipien von Zeit und Raum. Im Paradies vor dem Fall gab es noch nicht die Ausdehnung in Zeit und Raum, die euch im irdischen Leben selbstverständlich ist. Da hatte jede Seele ihren Rhythmus, in dessen Wiederholungen sie sich – wie im Kreise tanzend – bewegte. Darin erschöpfte sich ihr Verständnis von Zeit. Und ihr Raumverständnis erschöpfte sich in der Frage:

Wie nah bin ich dem Schöpfer, wie weit bin ich von ihm entfernt?

Deshalb war sowohl die Zeit- als auch die Raumachse zu öffnen. In der materiellen Welt waltet eine vom Subjekt unabhängige lineare Zeit, die ihr in Stunden, Tagen, Jahren, Jahrhunderten, Jahrtausenden, Jahrmillionen messt. Sie erstreckt sich auf den gesamten Bestand des Universums: vom Woher bis zum Wohin, also nach eurer Berechnung auf viele Milliarden Jahre.

Die Ursprungsidee von Zeit und Rhythmus ging zwar nicht verloren. Ihr lebt zum Beispiel in den rhythmischen Wiederholungen des Tageslaufs und der Jahreszeiten. Ihnen übergeordnet ist aber das lineare Zeitverständnis des Aufwachsens, Reifens und Alterns und des Verlaufs der Weltgeschichte.

In ähnlicher Weise wurde euer Raumverständnis unabhängig von der Gottesnähe oder Gottesferne: Wo befinde ich mich im Verhältnis zu anderen? Oben, unten, vorne, hinten, links, rechts? Wie weit kann ich mich ausdehnen, wie viel Raum steht mir zu?

Die Ursprungsidee des Raums ging ebenso wenig verloren wie die der Zeit. Ihr macht zum Beispiel die Erfahrung: Ein Mensch sitzt neben euch, aber von ihm trennen euch Welten. Ein anderer steht euch ganz nah, obwohl er weit entfernt lebt. In diesem Sinn behält nach wie vor die Frage ihre Berechtigung: Wie nah ist mir Gott? Sehr nah, ihr lebt ja nur, weil er in euch gegenwärtig ist.

Doch in Bezug auf Gott können sich viele Menschen auf dieses Urverständnis des Raums nicht mehr einstellen. Für sie gäbe es Gott nur, wenn er sich irgendwo im Universum verorten ließe. Sie verhalten sich ähnlich wie ein Putzerfisch, der ehedem einen Wal begleitet hat, sich auf ihm groß, mächtig und geborgen fühlte und dann meint, das bliebe er auch, wenn er sich von dem Wal trennt. Er kann nicht begreifen, dass er jetzt ganz klein und hilflos ist. So ähnlich verhält es sich mit Menschen, die meinen, sie bewiesen Größe, Stärke und Selbstbestimmung, wenn sie sich für unabhängig von Gott erklären. Das ist ein pubertäres Verhalten. Das gehört zwar zur Entwicklung, hält aber bei manchen lebenslang oder sogar einige Inkarnationen lang an.

Als Gott die neuen Prinzipien von Zeit und Raum in den Seelen verankerte, hat er da nicht den gefallenen Engeln noch mehr Macht zugestanden, als sie schon hatten?

In der Tat: Er hat noch den letzten Rest von Eingriffsmöglichkeiten aus der Hand gegeben und seinen Geschöpfen noch mehr Freiraum zugestanden. Denn nur so sind sie fähig, von sich aus den Weg zur Heimkehr zu suchen und zu finden und schließlich sogar die gefallenen Wesen zu überzeugen, dass dieser Weg auch für sie viel schöner wäre. Mit seinem Ja zur gefallenen Schöpfung hat er ihre Distanzierung ohne Bedingung und Vorbehalt zugelassen.

Er vertraute darauf, dass seine Geschöpfe ihre Freiheit letztlich doch heilsam gebrauchen werden: Sie werden erkennen, wessen Kinder sie sind und wo ihr Zuhause ist.

Ein Kind kennt seine Mutter und lässt sich an der Hand führen. Erst im Pubertätsalter lernt es, sich abzugrenzen – und erst dann kann es lernen, mit der Distanz umzugehen und sich wieder anzunähern. Das ist eine natürliche Entwicklung. Was für das Kind gilt, gilt auch für die Menschheit insgesamt. Sie befindet sich in einer Entwicklungsphase der pubertären Distanzierung, die nun auch eine freiwillige Hinwendung möglich macht.

Was du hier über die Prinzipien von Zeit und Raum gesagt hast, war nur beispielhaft. Bedeutet das: für andere Schöpfungsprinzipien gilt Entsprechendes?

Ja. So gab es im paradiesischen Zustand noch nicht den Unterschied zwischen dem Festen und dem Flüssigen, weder im wörtlichen Sinn (Land und Wasser) noch im übertragenen Sinn: der Boden, auf dem ihr sicher steht, und der Bereich, in dem ihr offen seid, Neues zu erkunden. Ebenso wenig gab es Wachstum und Fortpflanzung. Diese und einige andere Prinzipien setzen eine materielle Welt voraus. Und da ihr dazu bestimmt wart, euch in diese Welt hineinzuinkarnieren, sollten diese Prinzipien auch in eurer Seele verankert werden.

Davon handelt der Siebentagebericht des Buches Genesis. Er kleidet es zwar bildhaft in einen »Schöpfungsbericht« ein. Doch die eigentliche Schöpfung war ja längst vorausgegangen, wie Gen. 1, Satz 1 und 2 andeuten. Würdet ihr den Siebentagebericht als Schöpfungsbericht verstehen, dann widerspräche er den Erkenntnissen der Astronomie und der Evolutionsforschung und wäre nicht ernst zu nehmen. Uns Engeln geht es aber darum, euch die tiefen Weisheiten zu entschlüsseln, die in diesem Bericht verborgen sind.

Dass dieser Bericht nicht von der »eigentlichen«, ursprünglichen Schöpfung spricht, seht ihr schon daran, dass an keinem der sieben Tage von den Engeln die Rede ist: Die licht gebliebenen Engel waren ja von dem Fall und seinen Folgen nicht unmittelbar berührt. Sie blieben im himmlischen Paradies und übten von dort aus ihre Botendienste aus. Ihr werdet doch nicht annehmen, der Verfasser des sogenannten Schöpfungsberichts hätte die Erschaffung der Engel einfach vergessen. Nein, er hat sie ja schon im allerersten Satz erwähnt: »Im Anfang schuf Gott *Himmel und* Erde.« Und er rundete seinen Bericht mit den Worten ab: »So wurden Himmel und Erde mit ihrem ganzen Heer vollendet« (Gen. 2,1). Und im abschließenden Vers, der sich auf den *gesamten* Schöpfungsvorgang bezieht: »Dies ist die Entstehungsgeschichte des Himmels und der Erde, als sie erschaffen wurden« (Gen. 2,4 A).

Wenn ihr die Bilder, die euch diese Texte vor Augen stellen, bloß auf euren Verstand wirken lasst, werden sie euch befremden und verwirren. Lasst sie aber eure Seele berühren! Denn dazu sind sie bestimmt. Dann werden sie euch unmittelbar einleuchten. Ihre Dramatik wird euch aufs Tiefste erschüttern, zugleich aber auch mit Trost, Hoffnung, Zuversicht und Tatkraft erfüllen.

DIE INNENRÄUME DER MENSCHLICHEN SEELE

Leib und Seele

Elion: Das Verständnis für den Siebentagebericht setzt eine gewisse Vertrautheit mit den Innenräumen der menschlichen Seele voraus, die in der westlichen Welt bisher noch nicht gegeben war.

Die Seele besteht aus 22 Innenräumen, die wie eine Perlenkette aneinandergereiht sind. Zu ihnen zählen die sieben Hauptinnenräume und fünfzehn Nebeninnenräume. Die letzteren können wir im Folgenden außer Betracht lassen, weil die Genesis nur auf die sieben Hauptinnenräume Bezug nimmt. Diese sieben Innenräume entsprechen dem, was man in der fernöstlichen Mystik als »Chakren« oder »Lotosblumen« zu bezeichnen pflegt.

Die fernöstliche Lehre spricht von sieben Chakren, nämlich Schädelchakra, Stirnchakra, Kehlkopfchakra, Herzchakra, Solarplexuschakra, Nabelchakra, Wurzelchakra. Bei ihnen handelt es sich in Wirklichkeit um die sieben Hauptinnenräume. Beim inkarnierten Menschen lassen sie sich im Körper lokalisieren, und zwar von oben nach unten:

1. Innerer Kosmos – Schädeldecke
2. Innerer Weiser – hinter der Stirn
3. Marien- und Sophienturm – Hals
4. Innere Kirche – Herzensbereich
5. Innere Quelle – Solarplexus (im oberen Bauchraum)
6. Innere Krypta – darunter in Höhe des Nabels
7. Inneres Meer mit Insel und dem Brunnen – Unterbauchbereich

Einige dieser Innenräume sind euch vertraut. Sagt ihr z. B. »ich bewahre das im Herzen« oder »ich wünsche dir von Herzen«, so redet ihr nicht von dem fleischlichen, pulsierenden Organ. Ihr sprecht von eurer seelischen Innenwelt, und zwar von dem Teil, den ihr ungefähr in Höhe dieses Herzens lokalisiert: mit Recht. Denn dort befindet sich ein Innenraum, in dem lebt, was euch heilig ist, was euch mit Liebe, Ehrfurcht und Dankbarkeit erfüllt.

Sagt ihr »ich denke so und so«, »ich halte das und das für wahr«, »ich stelle mir das so vor«, »ich habe das im Sinn«, so »lokalisiert« ihr das hinter der Stirn. Ihr redet aber nicht von der Großhirnrinde oder den Schläfenlappen, sondern von dem Innenraum, der sich hinter der Stirn befindet. Und wenn ihr sagt: »Das habe ich aus dem Bauch heraus entschieden«, so redet ihr nicht von eurem Gedärm, sondern von den seelischen Innenräumen, die sich in der Höhe des Bauches befinden. Ebenso geläufig ist auch die Redensart, ein Mensch solle »in sich gehen«. Ihr redet dann nicht von seinen körperlichen Organen, sondern von den Innenräumen seiner Seele. Ihr meint dann, dort solle er Bewusstheit und Orientierung suchen. (Nur nebenbei sei angemerkt, dass sich auch die »Nebeninnenräume« am menschlichen Körper lokalisieren lassen, z. B. in den Händen, den Füßen, den Knien oder am Rücken.)

Es gilt, das Verhältnis von Leib und Seele richtig zu verstehen. Es gab fundamentalistische Verfechter der naturalistischen Weltanschauung – und es gibt sie mitunter noch heute –, die meinen, Gefühle und Gedanken seien Absonderungen des Leibes, so wie die Galle ein Sekret der Leber. Doch Galle könnt ihr in ein Glas füllen und chemisch analysieren. Mit Gefühlen und Gedanken geht das nicht, sie sind eben nicht Materie.

Ihr »seid« eure Seele und »habt« einen Leib. Wer dem Teufel »seine Seele verkauft«, hat den dummen Teufel hereingelegt. Nach dem Sterben ist der Mensch bloß noch Seele, und die ist und bleibt eine Facette aus der Innenwelt Gottes. Der Teufel geht leer aus.

Wir Engel haben keinen materiellen Leib und dennoch Gefühle und Gedanken. Nach dem Sterben wird es euch ebenso ergehen. Dass ihr während eurer Inkarnation auf den Leib angewiesen seid, liegt an eurem Auftrag, in die materielle Welt hineinzuwirken. Ihr seid aber älter als die materielle Welt, ihr wart schon da, ehe sie überhaupt in die Materie gefallen ist.

Wie beim inkarnierten Menschen Leib und Seele verbunden sind, ist eine Frage für sich. Die stellt sich aber erst, wenn man verstanden hat, dass Leib und Seele, das Funktionieren der körperlichen Organe und das seelische Erleben zwar zusammengehören, aber zweierlei sind.

Die sieben Hauptinnenräume

Zum Verständnis des Siebentageberichts der Genesis bedarf es einer zumindest skizzenhaften Vorstellung von den sieben Hauptinnenräumen der menschlichen Seele.

Das Zentrum der Hauptinnenräume (und aller Innenräume) befindet sich in Höhe des Herzens. Wenn ihr euch in ihn »hineinbegebt«, das heißt, in ihm meditative Sammlung, Bewusstheit und Orientierung sucht, so werdet ihr das Gefühl haben, euch in einem Sakralbau zu befinden, in einer »inneren Kirche« (oder einem Tempel oder einer Moschee, je nachdem). Für euch wird er das Aussehen einer Kirche haben, mit einem Altar und mit Sitzbänken. Am Altar findet ihr einen Engel, der ständig betet und euer Leben lang ganz lauter und wahrhaftig für euch denkt, wie verdreht immer die Versionen sein mögen, die ihr euch im Alltag bildet. Bei ihm könnt ihr also immer »zu euch finden«, also zu dem, der ihr eigentlich seid.

In Höhe des Solarplexus befindet sich der Innenraum mit der »inneren Quelle« in einer Frühlingslandschaft. Im Wasser tummeln sich Fische, in der Höhe Vögel, auf Erden die Landtiere. Auch an der Quelle werdet ihr einen Engel finden. Er kann euch in allen Fragen der Reinigung – von der körperlichen bis zur spirituellen Ebene – Rat geben.

Etwas darunter liegt die »Krypta«, die von der inneren Kirche aus durch eine an der Quelle vorbeiführende Treppe zu erreichen ist. Ein Engel hält dort ein kleines Kind im Arm, den Repräsentanten des himmlischen Vaters in seiner Eigenschaft als der Immeranfang, das Immer-neu-Werden, die Quelle des Urvertrauens, des Jungen, Freudigen, Lebendigen, der Genesung auf körperlicher, psychischer und spiritueller Ebene.

Dem sogenannten Wurzelchakra entspricht das innere Meer mit einer Insel. Dort finden sich *erstens* Tiere, die eure Triebe und Antriebe verkörpern. Diese solltet ihr weder verdrängen noch aushungern noch einem von ihnen eine Vorrangstellung einräumen. Mitten auf der Insel erhebt sich *zweitens* ein Vulkan und aus diesem eine Feuersäule, die alle Innenräume erleuchtet, eure Vitalkraft. Die »Vulkanin« im Innern des Vulkans wacht darüber, dass der Vulkan weder erkaltet noch giftig schwelt noch ausbricht. Auf der Insel befindet sich *drittens* der Brunnen des Lebens und der Weisheit. Er wird von einem Engel des Vaters behütet, der euch wesentliche Fragen, z. B. nach Gott und der Schöpfung, beantworten kann.

Oberhalb der inneren Kirche erheben sich zwei Türme (in der fernöstlichen Mystik das »Kehlkopf-Chakra«). Im linken Turm findet ihr euren Marienengel, den Stellvertreter der himmlischen Mutter, mit dem ihr eure persönlichen Probleme besprechen könnt, und der über die lautere Wahrhaftigkeit eurer Worte wacht.

Im rechten Turm findet ihr den Sophienengel. Er übt mit euch das Schweigen des Körpers, der Begierde, der Gedanken, der Vorstellungen, des Ichs, des Herzens und öffnet euch damit für den Glauben.

In Höhe der Stirn befindet sich der Innenraum mit dem inneren Weisen, den ihr in Lebensproblemen und Sinnkrisen um Rat fragen könnt.

Das sogenannte Scheitelchakra entspricht dem inneren Kosmos. Er ist das Einfallstor des Heiligen Geistes. Wenn ihr euch in ihn hineinbegebt, befindet ihr euch jenseits von Raum und Zeit im All. Über das Scheitelchakra könnt ihr auch farbiges Himmelslicht einatmen und über die Füße der Erde schenken.

Die menschliche Seele zeigt sich euren inneren Augen also wie die Aneinanderreihung von in allen Farben schillernden Perlen, jede Perle ein Innenraum. [14]

14 Eingehendere Schilderungen findet der Leser in dem Grundlagenwerk Alexa Kriele, Wie im Himmel so auf Erden. Die Ausgabe 2005 in zwei Doppelbänden enthält ein alphabetisches Gesamtregister, über das die einschlägigen Passagen leicht zu finden sind.

Schöpfungstage und Innenräume

Jeder der sieben sogenannten Schöpfungstage, wie sie in Kapitel 1 des Buches Genesis geschildert werden, bezieht sich auf bestimmte Teilaspekte der äußeren Natur und zugleich auf eure Hauptinnenräume.

Der Gedanke dabei war: In seinen künftigen irdischen Leben wird der Mensch Teil der Natur sein. Deshalb wird die Möglichkeit zur körperlichen Inkarnation in seiner Seele verankert. Damit wird sie auf die bevorstehende irdische Entwicklung vorbereitet und für sie »fit gemacht«, wie ihr zu sagen pflegt. Das bedeutet:

Wenn die biologische Evolution so weit fortgeschritten sein wird, dass die Inkarnation des Menschen möglich ist, soll er in der Lage sein, das innere Licht in sie hineinzutragen. Er soll es auf Erden repräsentieren, die Verbindung zum Himmel aufrechterhalten oder wiederherstellen und an der Heimführung der ganzen Schöpfung mitarbeiten.

Deshalb gibt es lauter Entsprechungen zwischen den »Schöpfungstagen« und euren Hauptinnenräumen.

Diese werdet ihr allerdings erst entdecken, wenn ihr sie nicht in einer linearen Reihenfolge der Innenräume sucht, sondern euch eine spiralförmige Bewegung vorstellt, die vom inneren Kosmos ausgehend über das innere Meer zum inneren Weisen führt, von dort zur inneren Krypta, dann zu den Türmen, dann zur inneren Quelle, um schließlich im Zentrum in die innere Kirche zu münden. Es ergibt sich also folgendes Bild:

1. Innerer Kosmos
2. Innere Insel
3. Innerer Weiser
4. Innere Krypta
5. Innere Türme
6. Innere Quelle
7. Innere Kirche

Nun lasst uns das Geschehen im Einzelnen betrachten.

Gleichklang von Seele und Schöpfung

Das Geheimnis der sieben Schöpfungstage

ERSTER TAG:
INNERER KOSMOS –
WOHER UND WOHIN?

Gen. 1,3: »Da sprach Gott: Es werde Licht. Und es ward Licht.«

E lion: Lasst uns mit einigen Übungen beginnen.

Erste Übung:

1. Schritt: Setzt euch aufrecht, schließt die Augen, versammelt um euch herum die euch nahestehenden Menschen, von denen ihr annehmt, dass sie das Kommende gern miterleben würden. Wenn ihr euch mit den inneren Augen umschaut, werdet ihr erkennen, wie viele von ihnen da sind, aber auch, wie viele euch Unbekannte sich zu ihnen gesellt haben. Heißt sie alle willkommen.

2. Schritt: Versetzt euch noch einmal in den Zustand der Verlassenheit nach dem Fall der Engel und dem Sturz in die Materie, empfindet noch einmal die Bestürzung, die Trauer, die Wehmut, die Verzweiflung.

3. Schritt: Spürt noch einmal die Erleichterung, als Gott beschloss, die Gegebenheiten, die aus dem Fall der Engel und dem Sturz in die Materie entstanden sind, zu akzeptieren, die Schöpfung nicht zurückzunehmen, sondern sie ihren Weg zur Heimkehr finden zu lassen. Sprecht laut den Satz: »Da sprach Gott: Es werde Licht! Und es ward Licht.« Es gibt doch wieder Hoffnung, Zuversicht, Orientierung. Die Zeit gewinnt Struktur: Ihr wisst um das Woher und Wohin.

Notizen:

_____

_____

_____

_____

_____

_____

Zweite Übung:

1. Schritt: Bedenkt eure gegenwärtige Lebenssituation im Licht des Satzes: »Da sprach Gott: Es werde Licht. Und es ward Licht.« Macht diesen Satz zu eurem »Spruch des Tages«, den ihr immer wieder denkt, sprecht, murmelt, singt und betet.

2. Schritt: Bezieht diesen Satz auf eure aktuellen Vorhaben, eure Hoffnungen, eure Befürchtungen, eure Emotionen, eure Bedürfnisse.

3. Schritt: Gebt Regieanweisungen, als machtet ihr einen Film: Wer hat was zu tun und auf welche Weise?

Ehe ihr mit der Durchlichtung eures inneren Kosmos beginnt, seid euch bitte einer Konsequenz bewusst: Ihr könnt dann nicht mehr zurück. Ihr könnt nicht etwa sagen: Das war zwar großartig, aber ich setze das nicht fort, ich werde mich auch den anderen Innenräumen nicht zuwenden; denn das wird mir zu viel, es gibt im Moment Wichtigeres zu tun. Denn erstens sollten eure Innenräume gleichmäßig durchlichtet sein, sonst gibt es ein Ungleichgewicht, das sich sehr schädlich auswirken kann. Zweitens gebt ihr die sehr machtvolle Formel sozusagen aus der Hand, macht sie »herrenlos«. Damit gebt ihr den dunklen Hierarchien eine

Möglichkeit, euch höchst wirksam anzugreifen: Sie greifen danach und missbrauchen sie zu Angriffen gegen andere und gegen euch selbst. Seid also bereit, die Verantwortung, die mit dem Können verbunden ist, wirklich auf euch zu nehmen. Und werdet euch bewusst, welches Vertrauen der Himmel in euch setzt.

Notizen:

Dritte Übung:

1. Schritt: Begebt euch in euren Innenraum des »inneren Kosmos« in der Schädeldecke. Werdet ganz still, lasst alle Gedanken, Ängste, Sorgen, inneren Dispute fahren. Versucht einfach nur zu lauschen, bis ihr das Wort vernehmt: »Es werde Licht« – vielleicht nur ganz leise aus der Ferne, sodass ihr das Gefühl habt, ihr müsstet die inneren Ohren spitzen und sagen: »Wie war das? Sag das noch mal!«, vielleicht auch so mächtig, dass der ganze Körper bis hin zum kleinen Zeh es vernimmt.

2. Schritt: Stellt euch nun vor, ihr wäret ein Hohlraum, eine Halle, eine Kathedrale, ein großer klingender Resonanzraum, der in wunderschöner Weise in Schwingung gerät, wenn das Wort ertönt: »Es werde Licht!«

3. Schritt: Reißt alle Türen und Fenster auf. Das Wort ertönt immer kraftvoller und ergießt sich in die euch umgebende Welt. Ihr habt das Gefühl: Die Wände würden bersten, wenn ihr den Klang nicht in die Welt hinausließet.

4. Schritt: Werdet aktiv, geht in die Welt hinaus mit dem Gefühl: In mir lebt dieses Schöpfungswort, ich bin so erfüllt davon, dass es aus mir heraus in alle Um-

gebung schwingt, wo immer ich hingehe. Ich bin das wandelnde Wort des Schöpfers: »Es werde Licht!«.

Diese Übung gehört zu den schönsten, die ihr überhaupt machen könnt. Sie wird euch das Gefühl geben, eine Mission zu erfüllen. Sie wird euren »inneren Kosmos« in seiner Lebendigkeit und Wirksamkeit verstärken. Und sie wird euch bewusst machen: Die Beschäftigung mit der Schöpfung geht euch unmittelbar an. Es geht um euer jetziges Leben und um eure Orientierung auf die Zukunft hin: Euer »Woher« entscheidet das »Wohin«.

Die ersten beiden Übungen dienen eurer Vorbereitung, sie können wegfallen, wenn euch die dritte Übung geläufig sein wird. Dieser dritten Übung aber solltet ihr von jetzt an an jedem Tag mehrmals einige Minuten widmen. Macht sie immer dann, wenn ihr Zeit habt, vor allem aber, wenn ihr müde oder ausgebrannt seid, oder wenn ihr euch an einem unheiligen Ort oder in einem unheiligen Moment befindet, oder wenn ihr einen Menschen trefft, der vom Licht nichts weiß oder wissen will, oder wenn ihr jemandem ein Geschenk machen wollt. Ihr könnt euch ja gedanklich überallhin begeben.

Das größte Geschenk aber macht ihr euch selbst: Die Übung verhilft euch zu einer Bewusstseinserweiterung, die euch nie mehr verloren geht, weil eure Seele sie in die kommenden Inkarnationen mitnehmen wird. Ihr könnt unter dieses Bewusstseinsniveau nicht mehr zurückfallen.

Bitte notiert auch die Erfahrungen, die ihr mit dieser Übung gemacht habt.

Notizen:

_____

_____

_____

_____

_____

_____

_____

_____

_____

_____

_____

_____

_____

_____

_____

Gen. 1,4: »Gott sah, dass das Licht gut war, und Gott schied zwischen dem Licht und der Finsternis.«

Kann Gott denn etwas schaffen, das nicht gut ist? Wieso diese Bestätigung?

Die Formel »Gott sah, dass es gut war«, begegnet euch im Schöpfungsbericht immer wieder (Gen. 1, 10, 12, 17, 21, 25, 31). An all diesen Stellen heißt es zuvor nicht »Gott schuf«, sondern »Gott sprach«. Denn da wirkte Gott mit der Mutter zusammen: Gott sprach, und die Mutter setzte es ins Werk. Er gab den Impuls, und sie setzte ihn um. Er gab ihr die Erlaubnis, es wieder Licht werden zu lassen, und sie tat es so, wie es in seinem Sinn war. Das bestätigen die Worte: »Gott sah, dass es gut war«.

Die Schöpfung war ein lichtdurchflutetes Paradies. Erst durch den »Fall der Engel« und den Sturz in die Materie war ein Teil der Schöpfung in die Finsternis geraten, genauer gesagt: in einen sehr lichtarmen Zustand. (Denn ganz ohne Licht könnten selbst die »dunklen Mächte« nicht leben, wie wir ja besprochen haben.) Es ging also jetzt nicht darum, das Licht zu »schaffen«, sondern es auf die gefallene Schöpfung wieder hinzulenken, sie mehr und mehr daran teilhaben zu lassen.

Ich möchte noch darauf aufmerksam machen, dass der Verfasser des Siebentageberichts seine Worte mit Bedacht gewählt hat. Ein einziges Mal sagt er: »Gott *schuf* den Menschen nach seinem Ebenbild« (Gen. 1,27). Denn an der Erschaffung der Menschenseelen war die Mutter nicht beteiligt. Jetzt, nach dem Fall, war sie aber beteiligt an der Bildung der Innenräume, und deshalb hat es zuvor geheißen: »Gott *sprach*: lasst uns den Menschen machen« (Gen. 1,26). Also die jeweilige Wortwahl ist sinnvoll, der Text ist in bewundernswerter Weise durchkomponiert.

Gen. 1,4,5: »Gott schied zwischen dem Licht und der Finsternis. Gott nannte das Licht Tag, und die Finsternis nannte er Nacht.«

Das Wichtigste zuerst: Dieser Text urteilt nicht. Er spricht nicht vom Bösen und Verwerflichen, nicht von Teufel oder Satan. Im Gegenteil: Wenn Gott die Finsternis »Nacht« nennt, nimmt er zugleich jede Bewertung heraus, denn Tag und Nacht sind völlig gleichwertig. An ihrem natürlichen Wechsel würde ja auch keine moralische Entrüstung etwas ändern.

Es kam darauf an, Licht und Finsternis *erstens* deutlich voneinander zu scheiden und damit unterscheidbar zu machen, *zweitens*, mit den dem Dunkeln zugewandten Wesen so umzugehen, dass sie sich wieder dem Licht zuwenden werden.

Für euch bedeutet das:

Erstens: Lernt erkennen, welche dunklen Impulse von den Doppelgängern ausgegangen sind, insbesondere von eurem eigenen.

Zweitens: Lernt, mit Menschen und Mächten, die euch aus dunklen Impulsen heraus angreifen, so umzugehen, dass etwas Lichtes dabei herauskommt.

Fangt einmal damit an, dass ihr euch alles Moralisieren abgewöhnt, alles Schimpfen, Herziehen, Verurteilen, Beschämen und so fort. All das zeigt ein hilfloses Schutz- und Fluchtverhalten. Während ihr meint, damit dem Lichten zu dienen, hat euch in Wirklichkeit euer Doppelgänger in Dienst genommen.

Das heißt nicht, dass ihr eure Kritikfähigkeit und Urteilskraft verlieren solltet. Es heißt, dass ihr sie nicht destruktiv, sondern konstruktiv und positiv gestaltend einsetzen sollt. Das bedarf innerer Souveränität und der Gelassenheit, die aus einer Grundfreundlichkeit der Welt und dem Himmel gegenüber hervorgeht: Ihr könnt auch mal etwas loslassen, weil ihr schließlich alles in guten Händen wisst.

Wie oft am Tag wollt ihr andere Menschen kritisieren und verurteilen? Lasst es einfach sein! Wie oft ist euch das gelungen? Wie oft habt ihr euch gesagt: »Ja, aber in diesem Fall gibt es einen guten Grund zur Kritik.«? Oder: »Ich kritisiere ja nur, dass der andere so viel kritisiert.«? Achtet einmal darauf und notiert eure Erfahrungen.

Notizen:

_____

_____

_____

_____

_____

_____

_____

_____

_____

_____

Es geht aber nicht nur ums Kritisieren. Manchmal habt ihr das Gefühl, ihr wandelt im Licht: Erfolge in der Liebe oder im Beruf machen euch glücklich. Doch auch dann könnt ihr viel Schaden anrichten. Ihr könnt anderen Menschen Unrecht zufügen oder sie überfordern. Ihr könnt euer Glück leichtfertig verspielen und zugleich auch das Glück von Mitbetroffenen. Manchmal wandelt ihr im Dunkeln, sei es, weil ihr unter äußeren Umständen, wie Krankheit und Tod von Angehörigen zu leiden habt, sei es, weil ihr euch vom Doppelgänger verwirren und in Schuld verstricken lasst. Häufig wandelt ihr in der Dämmerung und wisst nicht: Ist dies die Dämmerung zum Tag oder zur Nacht?

Ihr habt ja schon manche Wanderung gemacht. Unternehmt mal eine bei Nacht, und danach fragt euch: Worauf hatte ich zu achten? Welche Erkenntnisse habe ich gewonnen? Um welche Erfahrungen bin ich reicher geworden? Wenn ihr euch das klarmacht und einprägt und müsst dann wieder einmal bei Nacht euren Weg finden, werdet ihr größere Sicherheit gewonnen haben, nicht mehr so leicht stolpern und fallen. Ihr wisst dann, worauf ihr in der jeweiligen Situation zu achten habt.

Wenn ihr klug seid, lasst ihr euch von der Erfahrung belehren: Bestimmte Schritte sind zu vermeiden und andere zu tun. Doch alle Lebensweisheit kann euch nicht davor bewahren, dass ihr mal im Licht, mal im Dunkeln und meistens in der Dämmerung wandelt. Ihr lebt ja in der gefallenen Welt, da ist das so und lässt sich nicht vermeiden. Illusionen darüber können nur in Enttäuschung und dann vielleicht in Bitterkeit und Unglauben führen.

Deshalb sagt euch der Genesistext, über den wir sprechen, etwas anderes: Licht und Finsternis, Tag und Nacht sind gleichwertig und gleichberechtigt, sie sollten euch »gleichgültig« sein. In beiden sammelt ihr Erfahrungen, die euch selbst und der Heimkehr der Schöpfung zugutekommen. In beiden gewinnt ihr an Vollständigkeit, in beiden hält der Sohn, euer Bruder, eure Hand. Macht bitte folgende Übung.

Übung:

Stellt euch eine große waagrechte Scheibe vor, die rechts hell und links dunkel ist. Ihr schreitet auf der Mittellinie voran, also teils im Licht und teils im Dunkeln. Die Scheibe beginnt sich zu drehen, und zwar gegen den Uhrzeigersinn. Sie dreht sich schneller und schneller. Es sieht für euch so aus, als verwischen sich Hell und Dunkel, beides bekommt einen Schweif wie in dem Symbol für Yin und Yang, das ihr aus der chinesischen Tao-Lehre kennt:

Je schneller sich die Scheibe dreht, desto deutlicher entdeckt ihr in ihrem Mittelpunkt einen ruhig bleibenden lichten Tunnel, ähnlich dem Zentrum eines Zyklons. Er erinnert euch an das göttliche Licht, wie es vor dem Fall war und nach der Heimkehr sein wird. Die Zwischenzeit überdauert es – unberührt durch den Wirbel von Licht und Dunkel – in dem geduldig wartenden Vater.

Was euch diese Übung sagen will, ist: Gewöhnt euch an, von Licht und Dunkel abzusehen und hinter beiden das große eine Licht – den Vater – in den Blick zu nehmen. Der wirbelnde Gegensatz von Licht und Dunkel ist ja erst nach dem Fall entstanden und wird am Ende nicht mehr sein.

Orientiert euch an dem ruhenden Licht im Zentrum allen Geschehens.

Diese Übung ist sehr wirksam, aber auch anstrengend. Ihr solltet sie nur gelegentlich und nur wenige Minuten lang machen. Dann wendet euch wieder eurer Arbeit zu, die euch nachdrücklich in die Alltagsrealität zurückholt.

Warum sagtest Du, die Scheibe dreht sich gegen den Uhrzeigersinn?

Diese Drehrichtung macht wach, motiviert, entwickelt einen Sog, zieht nach vorn. Bei der Drehung *im* Uhrzeigersinn habt ihr das Gefühl, alles kommt auf euch zu, ihr schreitet mühsam und sehr langsam voran und werdet immer wieder aus der Bahn geworfen. Das Leben geht sehr schleppend voran.

Es kommt bei dieser Übung darauf an, dass ihr das richtige Verhältnis zu Licht und Dunkel findet. Beides hat seinen Platz, beides ist zu achten, weil der Vater es akzeptiert hat. Mit beidem ist respektvoll und adäquat umzugehen. So entwickelt ihr eine starke innere Beziehung zu dem göttlichen Licht. Dadurch bekommt das Leben Tempo. Was ihr tut, bekommt einen Sog, als machten sich die Dinge ohne viel Zutun von allein, es fließt und strömt voran.

Gen. 1,5: »Es ward Abend, und es ward Morgen: erster Tag.«

(Vorbemerkung: Im alten Orient war der Tageswechsel nicht um Mitternacht, sondern am Morgen, nach heutiger Stundenzählung um 6 Uhr.)

Das Wort »Tag« in diesem Siebentagebericht ist bildhaft zu verstehen. Die Sonne wird ja erst am vierten Tag geschaffen. Die »Tage« sind Bilder für Epochen und Äonen. Der Schöpfungsbericht beschreibt nicht einen Vorgang in ferner Vergangenheit, der euch kaum zu interessieren braucht. Er handelt von euch, und zwar jetzt und hier.

Ihr seid inkarniert in einer Person mit einer genetischen Abstammung und einer sozialen Herkunft. Aber ihr seid im Zentrum eures Wesens eine unsterbliche Seele, eine Individualität, ein »Ich«, das zu anderen in eine Ich-Du-Beziehung treten kann, auch zu Gott und zu uns Engeln. Ihr habt teil an allem, und alles hat teil an euch. Es gab und gibt nichts ohne euch, keinen Moment, keine Epoche, keinen Ratschluss des Vaters, keine Bewegung der Mutter, kein Handeln des Sohnes ohne euch. Ihr habt euch inkarniert in vielen Personen und werdet das weiterhin tun. Ihr sammelt Erfahrungen, die euch näher zur Vollständigkeit führen und die euch ermöglichen, an der Heimführung der Schöpfung immer kraftvoller mitzuarbeiten.

Ihr seid die Verkörperung der ständig stattfindenden Schöpfung, ihr lebt sie, durch euch ist sie nicht nur existent, sondern *bewusst* existent. Die Schöpfung ist ja nicht abgeschlossen, sie geschieht fort und fort. Durch euch geht der Schöpfungsbericht sozusagen in der Welt spazieren. Vielleicht kommt es eines Tages so weit, dass die Menschen den Schöpfungsbericht gar nicht mehr lesen müssen: Sie brauchen nur euch zu begegnen, und es wird ihnen offenbar, was er ihnen sagen will. Ihr seid auch dieser »Erste Tag«, und zwar für euch und für andere.

Nachdem der Vater sein »Ja« zum Fortbestand der Schöpfung gesprochen hatte, schenkte er euch zuerst das Licht der Erinnerung und das Licht der Orientierung, also den Wegweiser in die Vergangenheit und den in die Zukunft. Die Frage »woher« wurde sicher beantwortbar: »aus Gott«, und ebenso die Frage »wohin«: vorwärts zurück zu Gott. Dieses Geschenk erfasst ihr, wenn ihr den Satz verinnerlicht: »Es ward Abend und es ward Morgen: erster Tag.« Verwendet ihn als eine Art Gebetsformel oder Meditationsformel, als Ausdruck von Dank und Bitte.

Übung:

1. »*Es ward Abend*«
Versetzt euch noch einmal in den Zustand der Bestürzung nach dem Fall der Engel, versucht, die in euch schlummernde Erinnerung aufleben zu lassen. Es war nicht sicher, ob der Vater die Schöpfung nicht zurücknehmen würde. Doch dann sprach der Vater sein:

»Ja. Die ins Dunkle gefallenen Teile der Schöpfung werden wieder ins Licht geführt werden, und ihr werdet daran wesentlich mitzuwirken haben.«

Versucht einmal, euch zu erinnern, wie ihr das damals erlebt habt, was mit euch geschehen und, was ihr in vielen Inkarnationen erlebt habt. Auch wenn ihr euch im Moment die Einzelheiten nicht vergegenwärtigen könnt: Ihr seid im Prinzip erinnerungsfähig, und es gibt vieles, das in euch als Erinnerung schlummert und nur geweckt zu werden braucht.

2. »*Es ward Morgen*«
Ihr wisst nicht genau, was das Morgen bringt, und schon gar nicht, was in ferner Zukunft neue Inkarnationen bringen werden. Aber ihr könnt in die fernste Zukunft blicken: Ihr werdet heimkehren zum Vater. Ihr könnt also von Hoffnung erfüllt sein, weil ihr *wisst*: Es wird alles gut werden.

Eure Hoffnung ist also nicht von Zweifeln durchsetzt, sie ist Zuversicht in Gewissheit. Ihr werdet nicht nur im Licht, sondern manches Mal auch im Dunkeln wandeln. Das wird unangenehm sein und euch endlos erscheinen, aber es wird vorübergehen. Ihr werdet die Dämmerung erleben, aber ihr wisst, es ist nicht die am Abend, sondern die Morgendämmerung. Diese Hoffnung ist ein kostbarer Schatz. Ihr solltet sie bewusst pflegen und die Fähigkeit dazu trainieren.

3. Erster Tag

Tag und Nacht verhalten sich zueinander wie Einatmen und Ausatmen. Am Tag erlebt ihr das große Erinnern und das große Hoffendürfen: Ihr atmet es ein. In der Nacht – während des Schlafes – atmet ihr es aus. Alles Schöpferische findet am Tage statt und wird in der Nacht besiegelt.

Die Nacht ist nicht etwas, das ihr negativ bewerten solltet. Sie ist ein Raum der Ruhe und des Friedens. Da klingt das Erinnern und das Hoffen noch einmal nach, es wird zum Bestandteil eurer Seele, es wird von ihr integriert und gespeichert. Und wenn die Nacht zu Ende geht, wird es besiegelt mit dem großen Amen: »Erster Tag.«

Sollte man statt »Hoffnung« nicht besser »Erwartung« sagen?

Ich meide dieses Wort, weil sich mit ihm ein fordernder Unterton verbindet. Ihr stellt aber keine Ansprüche an Gott, sondern ihr gebt euch in uneingeschränktem Vertrauen ihm in die Hand: Ich darf hoffen.

Angenommen, ein verzweifelter Mensch fragt uns um Rat, beispielsweise weil seine Ehe zu zerbrechen droht oder sein Unternehmen in Konkurs geraten könnte oder seine Gesundheit gefährdet ist – was sollten wir ihm sagen?

Wenn ihr diese Übung regelmäßig macht, werdet ihr eine Heil bringende, lichte Form von Hellsichtigkeit erlangen. Ihr werdet dann nämlich die Fähigkeit erlangen, ein wenig in die Zukunft zu sehen – nicht in ihren Einzelheiten, aber in ihrer Grundtendenz. Vielleicht könnt ihr dem Fragenden sagen: »Keine Sorge, es wird so schlimm nicht werden, wahrscheinlich wird es so und so kommen.«

Vielleicht seht ihr auch, dass etwas sehr Schwerwiegendes passieren wird, dass das aber aus den und den Gründen das Bestmögliche für ihn sein wird. Diese Einsicht kann überaus hilfreich für ihn werden und ihn trösten. Und ihr werdet Menschen sein, denen man vertrauen kann.

Vielleicht habt ihr es mit einem Menschen zu tun, der ein von Ängsten besetztes Leben gewählt hat. So etwas gibt es, es kann gute Gründe haben. Dann gibt es Wege, die Angst zu meistern. Das Wichtigste ist: Gott hat keine Angst, sonst hätte er nicht »Ja« gesagt zu dieser gefallenen Schöpfung, an deren Dunkel du teilhast und an deren Heimführung du mitarbeitest. Er hat auch keine Angst um dich. Er ist dein Vater, du bist sein Kind, er liebt dich, er braucht dich. Er hat zur Schöpfung »Ja« gesagt, weil sich alles zum Guten wenden wird, auch für dich. Willst du es besser wissen als Gott?

Verbreitet also Zuversicht und Gottvertrauen, wo immer sich eine Gelegenheit dazu ergibt. Wie weit gelingt euch das? Notiert einmal eure Erfahrungen.

Notizen:

_____

_____

_____

_____

_____

_____

_____

_____

_____

_____

_____

_____

_____

_____

_____

_____

_____

Zweiter Tag:
Innere Insel – oben und unten

Gen. 1,6. Nun sprach Gott: »Es werde ein Firmament inmitten der Wasser und scheide zwischen Wasser und Wasser.« Und so geschah es. 7. Gott machte das Firmament, und er schied zwischen den Wassern unterhalb des Firmaments und den Wassern oberhalb des Firmaments. 8. Gott nannte das Firmament Himmel. Es ward Abend und es ward Morgen: zweiter Tag.

Elion: Ich erinnere noch einmal: An den sieben Schöpfungstagen geht es um die Wiederherstellung der Schöpfung. Was in die Finsternis gefallen war, sollte wieder durchlichtet werden. Den Menschenseelen wurde die Aufgabe zugewiesen, durch viele Inkarnationen hindurch an der Heimführung der Schöpfung mitzuarbeiten. Damit sie das leisten können, wurden ihre sieben Hauptinnenräume mit der Fähigkeit ausgestattet, auf den künftigen Stufen der Evolution des Universums wirksam zu werden. Davon erzählt der Siebentagesbericht der Genesis.

Während es am ersten Tag um das Woher und Wohin

geht, also den *zeitlichen* Rahmen, in den die Schöpfung bis zu ihrer Heimkehr gespannt ist, geht es am zweiten Tag um das Oben und Unten, den *räumlichen* Rahmen. Am ersten Tag ging es um den inneren Kosmos, der euch ermöglicht, erinnernd auf die Anfänge des Kosmos und hoffend auf seine Heimkehr zu blicken. Dieser Innenraum befindet sich auf eurem Körper ganz oben. Am zweiten Tag geht es um die innere Insel, den untersten eurer Hauptinnenräume. Dort findet ihr die Tiere, die eure Triebe und Antriebe verkörpern, den Vulkan mit der Vulkanin, die über eure Vitalität wacht, schließlich den Engel am Brunnen, aus dem das Wasser des Lebens quillt.

Bitte notiert einmal, was ihr über diesen Innenraum wisst und welche Erfahrungen ihr persönlich mit ihm gemacht habt.

Notizen:

_____

_____

_____

_____

_____

_____

Es geht jetzt nicht darum, diesen Innenraum noch einmal darzustellen und seine Wirkungsweise zu erklären. Das tut auch der Text der Genesis nicht. Er schildert die Ausstattung der Innenräume nur in bildhaften Andeutungen. Wenn ihr ihn heute lest, geht es darum, die Innenräume neu zu durchlichten und zu aktivieren, ihr Wirken zu wecken, es zu intensivieren, um es noch frischer, lebendiger, kraftvoller werden zu lassen. Das geschieht, indem ihr euch in ihn begebt, euch umschaut und das Prinzip erfasst, das in ihm verkörpert ist. Auf der »inneren Insel« gilt das Prinzip: »Wie oben so unten, wie unten so oben.«

So wie mit dem »Licht« am ersten Tag nicht das optische Licht, sondern die göttliche Ausstrahlung gemeint war, so meint das »Wasser« hier nicht Flüsse und Meere – diese wurden ja erst am dritten Tag geschaffen –, sondern das göttliche Lichtwasser. Wenn am ersten Tag von »Licht« und am zweiten von »Wasser« die Rede ist, so sind nicht verschiedene Dinge gemeint, sondern dasselbe in verschiedenen bildhaften Ausdrücken, sozusagen in verschiedenen Aggregatzuständen. Das konnte man machen, weil Licht wie Wasser fließt und strömt. Es erfüllt das ganze Universum. Es durchströmt eure Seele »von oben« durch den inneren Kosmos, aber auch »von unten« aus dem Brunnen im Zentrum der »inneren Insel«. Es ist das Lichtwasser der Liebe und des Lebens.

Wenn ihr betet: »Dein Wille geschehe wie im Himmel so auf Erden«, so ist vorausgesetzt, dass Himmel und Erde voneinander geschieden sind. »Himmel« umfasst die göttliche Trinität und den ihr zugewandten, licht gebliebenen Teil der Schöpfung. »Erde« meint den in die Materie gestürzten Teil der Schöpfung, der wieder von Licht durchdrungen und schließlich heimgeführt werden soll. Noch ist es auf Erden nicht wie im Himmel, ihr beschreibt nicht den gegenwärtigen Zustand, sondern die Tendenz der Entwicklung, und ihr äußert den innigsten Wunsch, dass es so werden möge. Ihr arbeitet daran mit, und den Impuls und die Fähigkeit dazu empfangt ihr aus dem Zustrom des göttlichen Lichtwassers »von oben« durch den »inneren Kosmos« und »von unten« durch den Brunnen auf der »inneren Insel«. Das »Firmament« oder Gewölbe, das die Wasser scheidet, ist ein Bild dafür, dass Himmel und Erde voneinander geschieden sind. Ihre Trennung sollte ganz deutlich werden, denn nur dann könnt ihr sie wieder zueinander führen.

Ihr habt eure Heimat auf Erden, und ihr habt eure Heimat im Jenseits, das ein Teil des Himmels ist. Wenn ihr euch inkarniert, kommt ihr nach Hause, und wenn ihr sterbt, kommt ihr in euren Zwölferkreis nach Hause. Wollt ihr dieses *Prinzip der doppelten Heimat* in einem schönen Bild meditieren, so vergegenwärtigt euch den Kreislauf des *irdischen* Wassers. Die Bäche vereinigen sich zu Flüssen, die fließen ins Meer, das Wasser steigt auf, verdichtet sich zu Wolken, regnet herab, fließt wieder zum Meer und so immer fort. All diese Bewegung vollzieht sich in großer Ruhe. Alles bleibt beim Alten, obwohl immer Neues geschieht, nichts geht verloren, es »strömt und ruht zugleich«, wie es in einem eurer schönsten Gedichte heißt.

Der römische Brunnen
Aufsteigt der Strahl und fallend gießt
er voll der Marmorschale Rund,
die, sich verschleiernd, überfließt
in einer zweiten Schale Grund;
die zweite gibt, sie wird zu reich,
der dritten wallend ihre Flut,
und jede nimmt und gibt zugleich
und strömt und ruht.
Conrad Ferdinand Meyer

Das Lichtwasser, das von oben durch euren »inneren Kosmos« in euch einströmt, fließt durch alle sieben Innenräume hinab, das Lichtwasser, das durch den Brunnen auf der »inneren Insel« in euch einströmt, steigt durch alle Innenräume auf. In jedem Innenraum nimmt es die entsprechende Farbe an. Macht bitte einmal folgende Übung.

Übung:

Stellt euch einen Brunnen vor, dem »römischen Brunnen« ähnlich, aber aus sieben Schalen bestehend. Das weißgoldene Lichtwasser strömt durch den inneren Kosmos in ihn hinein, fließt hinab zum »inneren Weisen« und nimmt die Farbe Violett an, fließt weiter zu den beiden Türmen (blau und bordeauxrot), zur »inneren Kirche« (grün und rosa), zur »inneren Quelle« (gelb), zur »inneren Krypta« (orange) und zur »inneren Insel« (rot).

Bittet euch ein in Bedrängnis geratener Mensch um Rat oder Hilfe, dann könnt ihr über eure praktischen Angebote hinaus etwas tun, indem ihr diesen Brunnen imaginiert. Ihr werdet sehen, dass sich das oftmals als sehr hilfreich erweisen wird.

Das Prinzip der Vertikale – es gibt oben und unten –, das am Zweiten Schöpfungstag etabliert wurde, findet Ausdruck in der Schwerkraft, die jedes auf Erden lebende Geschöpf in sich spürt. Für euch Menschen bedeutet es aber weit mehr. Zunächst: ihr könnt aufrecht stehen, sitzen, gehen. Das löst innere Befindlichkeiten aus wie Selbstbewusstsein, Sicherheit, Souveränität, Mut, Kraft, Stolz und Würde. Eure Wirbelsäule ist eine Nachbildung dieses Schöpfungsprinzips und nicht etwa nur eine Laune der Evolution.

Sodann: Ihr seid euch des Unterschieds von oben und unten, von Himmel und Erde bewusst, mehr noch: Ihr steigt mit euren Inkarnationen und Exkarnationen hinab und hinauf. Ihr habt die Möglichkeit, Brückenbauer zwischen

Himmel und Erde zu sein und mehr und mehr vom Himmel auf die Erde zu bringen. *Deswegen* wurde dieses Prinzip am zweiten Tag etabliert. Und deswegen ist es so wichtig, dass ihr gut »geerdet« seid und so eure alltäglichen Aufgaben in Beruf und Familie meistert. Wer spirituelle Arbeit leisten will, aber »abhebt«, wird mehr Schaden als Nutzen stiften. Es gilt zu verstehen, dass das Oben und das Unten gleichwertig sind und dass es darauf ankommt, in beiden gleichermaßen verankert zu sein.

Bitte notiert euch die Erfahrungen, die ihr mit dem Prinzip »Oben und Unten« und insbesondere mit der genannten Übung gemacht habt.

Notizen:

_____

_____

_____

_____

_____

_____

_____

_____

Ich hoffe, die heutige Stunde hat dazu beigetragen, euren Innenraum mit dem Brunnen auf der Insel zu durchlichten und zu aktivieren. Es ward Abend und es ward Morgen: zweiter Tag. Amen.

DRITTER TAG:
INNERER WEISER UND
INNERES KIND

Elion: Der dritte Tag hat eine Besonderheit: Er bezieht sich auf *zwei* Innenräume, den des »inneren Weisen« und den des Kindes in der »inneren Krypta«. Sprechen wir zunächst vom inneren Weisen.

Innerer Weiser –
Das Feste und das Flüssige

Gen. 1,9 *Nun sprach Gott: »Es sammle sich das Wasser, das unter dem Himmel ist, zu einer Ansammlung, und es erscheine das trockene Land!« Und es geschah so. 10. Gott nannte das trockene Land Erde, und die Ansammlung des Wassers nannte er Meer. Und Gott sah, dass es gut war.*

1. Ihr wisst, dass ihr hinter der Stirn, unterhalb des inneren Kosmos, den Innenraum mit dem inneren Weisen habt. Wenn ihr euch zu ihm begebt, wird er zunächst fragen:

»Was glaubst du?« Am liebsten ist es ihm, wenn ihr antworten könnt: »Das Credo.« Sodann könnt ihr ihn zu euren Lebensproblemen befragen. Er lässt euch in eine Schale mit klarem, sich spiegelndem Wasser schauen, in dem ihr erblickt, wie ihr euch und damit eure Situation verändern solltet.

In jedem Innenraum geht es um die Etablierung eines Schöpfungsprinzips: beim inneren Kosmos um das Woher und Wohin, bei der Insel um das Oben und Unten, beim inneren Weisen um das Feste und das Flüssige. Seine Weisheit lehrt euch, die Qualitäten des Festen und des Flüssigen zu unterscheiden und beide im richtigen Moment in der richtigen Weise oder auch gleichzeitig zu handhaben: Wo habe ich festen Stand, wem habe ich mich angelobt, wo bleibe ich? Und wo löse ich mich, wann gehe ich weiter? Das »Land« ist stabil, tragend, beharrend, das »Meer« flüssig, dynamisch, beweglich. Ihr habt zu lernen, *standfest* zu sein und doch *immer im Fluss* zu bleiben. Beides ist gleich wichtig.

Deshalb stiftete Jesus Christus *die Kommunion in beiderlei Gestalt*: in Brot und Wein. Es ist ein schwerwiegender Fehler, wenn den meisten Gläubigen der Wein vorenthalten wird. Das Brot bekräftigt zwar die Treue eures Glaubens, aber ihr braucht auch die Offenheit für Inspirationen und tiefere Einsichten, die Dynamik, Lebendigkeit und überzeugende Ausstrahlung eures Wirkens.

Das *Land* symbolisiert eure inneren Grundhaltungen,

Werte, Überzeugungen, Erfahrungen, euer Wissen und Können, eure Glaubensgrundsätze. Deshalb fragt euch der innere Weise zunächst: »Was glaubst du?« Er fragt damit nach dem festen Boden, auf dem ihr steht, auf dem ihr euch auskennt, auf dem ihr euch sicher fühlt, auf dem ihr bleiben wollt. Am liebsten wäre ihm, ihr fühltet euch in der Kirche zu Hause, bejaht ihr Glaubensbekenntnis.

Das *Meer* symbolisiert die Bereiche, in denen ihr im Fluss bleibt, euch bewegt. Ihr löst euch aus Zugehörigkeiten, sucht neue, wollt euch aber auch darin nur vorläufig aufhalten, um immer weiter zu streben, zu lernen und euch zu verändern.

Beides, das Feste und das Flüssige, ist für eure Lebensführung gleich wichtig. Würdet ihr nur im Festen verharren, würdet ihr vertrocknen, in Starrsinn verfallen, immerfort moralisieren und verurteilen, beschränkt und fundamentalistisch werden, weder suchen noch finden. Würdet ihr nur im Flüssigen bleiben, würdet ihr zwar suchen, aber nie finden, ihr würdet konturlos und in ständige Konfusionen geraten. Ihr könntet keine Erfahrungen sammeln, nichts dazulernen, auf nichts bauen, keinen Boden unter den Füßen gewinnen. Ihr braucht also eine gesunde Mischung aus Festem und Flüssigem.

Bitte legt euch selbst einmal Rechenschaft darüber ab, was ihr zuversichtlich glaubt, wovon ihr überzeugt seid, und in welchen Fragen ihr offen seid für neue Einsichten.

Notizen:

_____

_____

_____

_____

_____

_____

_____

_____

Versucht einmal, in poetischen Bildern die Landschaft zu beschreiben, in der ihr gern zu Hause wäret. Es wäre doch gewiss nicht eine Wüste oder ein felsiges Hochgebirge, ein Sumpf oder Überschwemmungsgebiet, sondern eher eine Region, in der die Berge bewaldet sind, in der es Quellen, Flüsse und Seen, Fauna und Flora gibt. Der innere Weise ist der Hüter der intakten Landschaft. Und es geht ihm darum, dass ihr sie kultiviert und ausweitet.

Ihr wisst, dass vorsokratische Philosophen darüber diskutierten, welches von den vier Elementen – Feuer, Wasser, Luft und Erde – das Ursprüngliche sei. Sie ordneten Feuer und Luft dem Prinzip des Männlichen zu, Wasser und Erde dem Prinzip des Weiblichen. Das ist stimmig, nur ist hinzuzufügen, dass beide Prinzipien erst in der Vereinigung fruchtbar werden. Sie gehören zusammen. Der Geist weht, wo er will, nämlich hier wie dort.

Ihr lebt auf der Mutter Erde, die euch trägt und nährt und wachsen lässt und die nach dem Sterben euren Leib in sich bergen wird. Doch auch das Meer gehört zur Mutter Erde, allerdings zeigt es einen anderen Aspekt des Weiblichen: den abgründigen, eigenwilligen, unberechenbaren, gefährlichen oder – wie ihr sagen könnt – muhmenhaften. Auch das Meer bringt Leben hervor, es kann euch aber auch verschlingen. Es ist ein wenig unheimlich, es fasziniert euch und flößt euch Respekt ein. Insofern symbolisiert es zwar das Flüssige, zugleich aber auch das Fremde.

Diesen Aspekt erfahrt ihr, wenn ihr fremde Kulturlandschaften bereist. Dort haben die Menschen ein ganz anderes Selbstverständnis, andere Lebenshaltungen, andere Lebensentwürfe, andere Lebensumstände. Oftmals sind diese für euch schwer zu verstehen. Ihr fühlt euch da nicht sicher und geborgen, manchmal werdet ihr euch ein bisschen ängstigen. So wie ihr bei einer Meerfahrt auf Kapitän und Mannschaft angewiesen seid, so braucht ihr Wörterbuch, Reiseführer und möglichst einen landeskundigen Begleiter.

Ihr braucht aber gar nicht zu verreisen, ihr braucht euch nur umzuschauen. Was für Arbeit tun die Menschen um euch herum, wo, in was für Räumlichkeiten? Welche Hobbys pflegen sie? Ihr wisst, dass ihr euch in verschiedene

Lebensformen, Kulturen, Berufen hineininkarniert und auf diese Weise vollständiger werdet. Ihr könnt euch aber auch innerhalb eines Erdenlebens mit dem Fremden vertraut machen, es euch zu eigen machen, es gleichermaßen dem Meer abringen, sozusagen Landgewinnung betreiben.

Es ist wichtig, dass ihr das Fremde nicht abwertet, dass ihr nicht sagt: »Davon will ich nichts wissen.« Das Fremde gehört zum Meer, und das Meer ist ein Teil von euch. Alles, was nicht Land ist, ist Meer, und was ihr dem Meer abringt, wird Land. Das könnt ihr kultivieren. Ihr könntet dafür Sorge tragen, dass es immer blühender, fruchtbarer, lebensfreundlicher werde. Darum geht es am dritten Tag.

Inneres Kind – Wachstum und Fortpflanzung

Gen. 1,11 Dann sprach Gott: »Das Land lasse junges Grün wachsen, alle Arten von Pflanzen, die Samen tragen, und von Bäumen, die Früchte tragen mit ihrem Samen darin.« Und es geschah so. 12. Das Land brachte junges Grün hervor, alle Arten von Pflanzen, die Samen tragen, und Bäume, die Früchte bringen mit ihrem Samen darin. Und Gott sah, dass es gut war. 13. Es ward Abend und es ward Morgen: dritter Tag.

Das bezieht sich auf die innere Krypta mit dem Engel, der das göttliche Kind in den Armen hält. Das Kind vergegenwärtigt in euch das Prinzip des Frühlings: das Immer-Neuwerden, die Vielfalt, die Fülle, die Freude, die Heilung, den Mut, nicht aufzugeben, nach jedem Winter wieder einen Neuanfang zu wagen. Denn nur durch das Blühen hindurch kommt es zum Samen, zur Reife und zur Ernte. Das ist das Wesen des Lebendigen, es steigt aus den unsichtbaren Tiefen (der Krypta) empor ans Licht.

An dieser Stelle kommt es vor allem auf einen Aspekt an: Das Kind ist der Repräsentant des Blühens und Gedeihens, des Samenbildens, des Fruchtbarwerdens und insofern des Vaters. Es geht sowohl um das Wachstum des einzelnen Lebewesens als auch um die Fortpflanzung der Art.

Erst damit gewinnen die Prinzipien von Land und Meer Sinn und Leben. Eure innere Landschaft wird blühender, fruchtbarer, lebensfreundlicher, indem ihr »im Grünen« lebt, zwischen Wäldern, Wiesen und Blumen – und nicht in felsigen Wüsten. Deshalb ist es folgerichtig, dass die Pflanzenwelt noch am selben Tag geschaffen wurde wie Land und Meer.

Warum wurde die Welt der Pflanzen in unserer Innenwelt etabliert? Wir sind ja keine Pflanzen. Ist das nur bildhaft zu verstehen? Sollen auch wir wachsen, blühen und gedeihen?

Das auch, es geht aber um mehr. Schaut mal mit den Augen eines Evolutionsbiologen: Der Mensch stammt von Tieren ab, die Tiere stammen wie die Pflanzen von Einzellern ab. Die Pflanzen sind sozusagen eure Ur-Ur-Ur-Großtanten. Im genetischen Material seid ihr mit ihnen verwandt. Insofern tragt ihr die Prinzipien der Pflanze in euch.

Was euch vor allem mit den Pflanzen verbindet, ist das Prinzip des Wachstums einschließlich der Fortpflanzung. So wie die Pflanze aus dem Samenkorn hervorgeht, so entsteht euer Körper aus der Verschmelzung von Ei- und Samenzelle. Die durch Zellteilung bewirkte Vergrößerung ist auf ein Ziel ausgerichtet, und dieses Ziel ist im Keim angelegt. Es besteht darin zu blühen, Früchte zu tragen, die Vermehrung zu ermöglichen. Dieser Bewegung liegen die Prinzipien der beiden ersten Schöpfungstage zugrunde, aber nun kommt noch das Prinzip des zielgerichteten Wachstums hinzu. Im Woher ist die Richtung des Wohin angelegt. Die Pflanze wurzelt in der Mutter Erde und wächst nach oben, aber auch in die Breite. (Ihr findet hier die erste Darstellung des Kreuzes.)

Dieser Verwandtschaft seid ihr euch auch bewusst, wie euer Wortschatz anschaulich macht. Ihr sprecht von »Zweigen« der Familie und von eurem »Stammbaum«. Ihr seid in eurer Heimat »verwurzelt«. Habt ihr eine neue Heimat gefunden, so habt ihr dort »Wurzeln geschlagen«. Wenn nicht, hat es euch »in die Öde« verschlagen. Ihr wünscht »verpflanzt« oder nicht verpflanzt zu werden.[15] Habt ihr gelernt, was ihr braucht, um etwas Tüchtiges zu leisten, so seid ihr »gut geerdet«. Junge Menschen sind »im blühenden Alter«, sie werden »fruchtbar«, und im Alter »welken« sie, es welkt zumindest die Haut.

Ihr könnt von den Pflanzen lernen, wie ihr das Altern sinnvoll bewältigt. Wenn eine Pflanze welkt, stirbt sie nicht, es sei denn, sie ist von ihrem Wurzelgrund abgeschnitten und stirbt deswegen. Nur die Zeit des Blühens ist vorüber: Aus der Blüte wird die Frucht. Alles hat seine Zeit. Wenn ihr altert, habt ihr auf vieles zu verzichten. Das sollte keine Bitterkeit auslösen, ihr solltet es freiwillig loslassen.

Das bedeutet: Ihr zieht euch aus der Öffentlichkeit zurück, ihr repräsentiert nicht mehr euer berufliches Können, sondern überlasst das der jüngeren Generation. Ihr werdet kontemplativ und damit wesentlicher. Ihr äußert euch nicht mehr so viel wie früher, sondern schweigt sehr viel. Wenn ihr aber etwas sagt, dann wird es beachtet und ernst genommen, denn dann nimmt man an, es ist etwas Wesentliches.

---

15 s. z. B. die Ode des 18-jährigen Goethe, dessen Freund in eine Stadt ziehen musste, in der er sich nicht wohlfühlte:
»Verpflanze den schönen Baum,
Gärtner, er jammert mich.
Glücklicheres Erdreich verdiente der Stamm.
Sieh, wie er im Frühling lichtgrüne Blätter schlägt...«

Wenn euch das gelingt, seid ihr nicht weniger wirksam geworden, sondern im Gegenteil wirksamer.

Das Leben der Pflanzen unterscheidet sich von dem euren auch darin, dass es dem Rhythmus der Jahreszeiten ausgesetzt ist. Bei mehrjährig lebenden Pflanzen folgt auf die Zeit des Welkens ein neuer Frühling. Manchmal ist auch euer Leben so angelegt, dass es eine neue Phase des Blühens und Fruchttragens gibt. Dann solltet ihr das dankbar annehmen, euch aber bewusst sein: Es folgt wieder die Phase des Welkens und Wesentlichwerdens. Der Anteil an dem Pflanzenhaften in euch sollte in eurem Körperbewusstsein verankert und lebendig sein. Zu diesem Zweck bitte ich euch, zwei Übungen zu machen.

Erste Übung:

Fragt euch, welcher Pflanze ihr am ehesten entsprecht. Ist es vielleicht eine Birke oder eine Kornblume, ein Moos oder eine Eiche? Die meisten von euch waren im Laufe des Lebens an verschiedenen Orten verwurzelt. War es immer dieselbe Pflanze, oder was für eine war es damals, und welche ist es jetzt? Ihr habt diese Orte verlassen und werdet auch den jetzigen verlassen, spätestens wenn ihr sterbt.

Nun stellt euch vor, die Pflanze, die ihr wart oder seid, lasst ihr dort zurück, wo sie verwurzelt ist. Wenn ihr dann an diese Orte zurückdenkt, denkt ihr nicht nur an die Vergangenheit, sondern auch an eine Gegenwart. Ihr bleibt dort verwurzelt, ihr lebt dort noch.

Zweite Übung:

Ihr kennt die Atemübung, bei der ihr farbiges Lichtwasser über den Scheitel einatmet, es erfüllt den ganzen Körper bis in die Zehenspitzen hinein. Statt dessen lasst euren Körper jetzt von einer Pflanze aus reinem Licht ausfüllen – farbig oder weißgold. Sie beginnt ihr Wachstum als Samenkorn in der Höhe des Solarplexus unterhalb der Rippen. Sie wächst im Zeitraffertempo in den Oberkörper und in den Unterleib hinein, in den Kopf, in die Füße, in die Arme.

Stellt euch vor, ihr selbst seid diese Pflanze, zugleich aber auch der Nährboden, ohne den sie nicht wachsen könnte. Stellt euch weiter vor, das geschehe in allen Körpern auf dieser Erde, es gebe keinen, der nicht von einer Pflanze ausgefüllt wäre. So bekommt ihr ein lebendiges Gefühl für das Verhältnis von Geist und Materie, für ihre gegenseitige Durchdringung, für ihr Zusammenwirken, für die Einheit von Körper und Seele während eurer irdischen Lebenszeit, für ihr organisches Miteinanderwachsen, für ihr Aufeinanderangewiesensein.

Wenn euch das in Fleisch und Blut übergegangen sein wird, werdet ihr das Gefühl haben, durch die Kontemplation des dritten Tages reich beschenkt zu sein. Das wird eine starke Wirkung haben. Ihr solltet es wirklich üben.

Bitte notiert eure Erfahrung mit dieser Übung.

Notizen:

Vierter Tag:
Marien- und Sophienengel –
Tag und Nacht

Gen. 1,14: Nun sprach Gott: »Es sollen Leuchten werden
am Firmament des Himmels, die Tag und Nacht scheiden.
Sie sollen als Zeichen dienen für Festzeiten und Tage und
Jahre. 15. Sie sollen Leuchten sein am Firmament des
Himmels, um über die Erde zu leuchten.« Und es geschah
so. 16. Gott machte die beiden großen Leuchten, die größere
zur Herrschaft über den Tag, die kleinere zur Herrschaft
über die Nacht, dazu die Sterne. 17. Gott setzte sie an das
Firmament des Himmels, damit sie über die Erde leuchten,
18. damit sie über den Tag und über die Nacht herrschen
und zwischen Licht und Finsternis scheiden. Und Gott sah,
dass es gut war.19. Es ward Abend, und es ward Morgen:
vierter Tag.

Der Hohelehrer: Das vor-kopernikanische oder gar vor-ptolemäische Weltbild, das der Verfasser dieses Textes voraussetzt, ist nur die zeitbedingte Einkleidung des Wesentlichen.
Es geht um die Etablierung von Schöpfungsprinzipien in

eurer Seele, die mit den Begriffen »Tag und Nacht«, »Sonne und Mond« gekennzeichnet sind. Sie wurden in eurem sogenannten »Halschakra« etabliert, also in den beiden Türmen, die sich über eure »innere Kirche« erheben.

Ihr habt im linken Turm einen Marienengel, im rechten einen Sophienengel. Beide repräsentieren einen Aspekt der Mutter: der Marienengel den Aspekt der Liebe, der Sophienengel den Aspekt der Weisheit. Der Marienengel repräsentiert die Prinzipien des Tages und der Sonne: Er wacht über die Klarheit eures Erkennens und die Wahrhaftigkeit eures Redens. Der Sophienengel repräsentiert die Prinzipien der Nacht und des Mondes. Er achtet auf das demütige Schweigen, das die Worte vorbereitet, sie trägt und das ihnen folgen sollte. Nur im meditativen Schweigen findet ihr Zugang zu euren Innenräumen, und im Schlaf taucht ihr in die Tiefen des göttlichen Kosmos ein. Sprache und Schweigen verhalten sich wie Tag und Nacht. Eure Sprache sollte sonnenhaft sein, euer Schweigen mondenhaft.

Der Sophienengel hütet die Fähigkeit wahrzunehmen, was sich nur in poetischen Bildern, in kontemplativer Versenkung oder in Musik erfassen lässt. Und er lehrt euch, zu schweigen oder so zu sprechen, dass die Worte vom Schweigen getragen werden wie ein Schiff vom Wasser, dass sie also nicht nur wissenschaftlich korrekt, sondern auch weise sind.

Betrachtet das Nachbarhaus oder den Baum vor eurem Fenster einmal bei Sonnenlicht, einmal bei Mondenlicht, wenn alle anderen Lichter erloschen sind, und vergleicht sie. Mit dem Sonnenblick erkennt ihr Farben, scharfe Konturen, genaue Details, auf die ihr euch konzentrieren könnt. Für den Mondenblick ist die Welt in ein sanftes Blaugrau getaucht. Ihr unterscheidet zwar die silhouettenhaften Formen von Haus und Baum, Einzelheiten und kleine Dinge sind aber kaum wahrnehmbar. Hingegen erblickt ihr den am Tag verborgenen Sternenhimmel, der euch die Weite des Kosmos vor Augen führt.

So erwachen ganz andere Gedanken und Gefühle in euch als am Tage. Ihr sinnt bei der Betrachtung des Nachbarhauses zum Beispiel darüber nach, welches Glück dort wohnen mag oder welcher Kummer Tränen fließen lässt. Ihr hofft, dass die Menschen friedlich schlafen und dass ihre Wünsche und Gebete sich erfüllen. Beim Baum kommt ihr mit dem in ihm lebenden Naturgeist ins Gespräch, zumindest erahnt ihr etwas von seiner Geschichte, seinen Kränkungen, seinen Hoffnungen. Ihr seht die Welt nicht nur mit den äußeren, sondern zugleich mit den inneren Augen.

Auch eure inneren Ohren öffnen sich für den »Klang der Sphären«. Was euch die Musikwissenschaft über die Werke Bachs sagen kann, geht nur die äußeren Ohren an und hilft vielleicht, aufmerksamer und genauer zu hören. Was euch das Werk selbst aber sagt, geht weit, weit darüber hinaus. Es macht euch die seelisch-geistige Realität bewusst, die ihr seid und die euch mit allem verbindet.

Davon könnt ihr dann nur noch in poetischen Bildern

sprechen, wie es eure Dichter getan haben. Traum und Wahrnehmung fließen ineinander. Um den Mondblick anschaulich werden zu lassen, bitte ich euch, zwei oder drei der schönsten Gedichte auszuwählen und einzufügen.

Schläft ein Lied in allen Dingen,
die da träumen fort und fort,
und die Welt hebt an zu singen,
triffst du nur das Zauberwort.
       Joseph von Eichendorff

Mondnacht

Es war, als hätt' der Himmel
die Erde still geküßt,
dass sie im Blütenschimmer
von ihm nun träumen müßt.

Die Luft ging durch die Felder,
die Ähren wogten sacht,
es rauschten leis die Wälder,
so sternklar war die Nacht.

Und meine Seele spannte
weit ihre Flügel aus,
flog durch die stillen Lande,
als flöge sie nach Haus.
       Joseph von Eichendorff

An den Mond

Füllest wieder Busch und Tal
still mit Nebelglanz,
lösest endlich auch einmal
meine Seele ganz;

breitest über mein Gefild
lindernd deinen Blick,
wie des Freundes Auge mild
über mein Geschick.

Jeden Nachklang fühlt mein Herz
froh und trüber Zeit,
wandle zwischen Freud' und Schmerz
in der Einsamkeit.

Fließe, fließe lieber Fluß!
Nimmer werd ich froh;
so verrauschte Scherz und Kuß
und die Treue so.

Ich besaß es doch einmal,
was so köstlich ist!
Dass man doch zu seiner Qual
nimmer es vergißt!

Rausche, Fluß, das Tal entlang
ohne Rast und Ruh,
rausche, flüstre meinem Sang
Melodien zu,

wenn du in der Winternacht
wütend überschwillst
oder um die Frühlingspracht
junger Knospen quillst.

Selig, wer sich vor der Welt
ohne Hass verschließt,
einen Freund am Busen hält
und mit dem genießt,

was, von Menschen nicht gewußt
oder nicht bedacht,
durch das Labyrinth der Brust
wandelt in der Nacht.
    Johann Wolfgang von Goethe

Diese Gedichte bringen das mit dem »Mondblick« erwa-
chende Bewusstsein zum Ausdruck, dass die Schöpfung
gefallen ist. Sie sind auf einen Ton der Sehnsucht, der
Wehmut, des Heimwehs gestimmt, verbunden aber mit Zuversicht, mit Dankbarkeit, mit Güte, mit Geduld, mit dem
Gefühl, nicht aus Gottes Hand gefallen, sondern in ihr auf-

gefangen und geborgen zu sein. Wer mit dem Mondblick in die Welt schaut, kann gar nicht anders als ein wenig zu lächeln, sei es auch unter Tränen, so wie ihr immer lächelt, wenn ihr Liebe mit Liebe erwidert.

Der Sonnenblick braucht kein Lächeln. Da schaut ihr auf die Realität, wie sie sich euren Sinnen darbietet. Wenn ihr sie genau beobachten und erforschen wollt, wird euer Gesicht ernste, angespannte Konzentration zeigen. Ihr wollt die Fakten ergründen, wollt wissen, welche Ursachen welche Wirkungen auslösen, wie ihr mit den Gegebenheiten am zweckmäßigsten umgeht. Ihr lauscht auf das Ur-Wort des Vaters.

Wer mit dem Mondblick in die Welt schaut, lauscht auf das Ur-Wort der Mutter, die den Vater bat, die Schöpfung nicht zurückzunehmen, weil sie gewiss heimkehren werde. So wie der Mond nicht aus eigener Kraft leuchtet, sondern Sonnenlicht reflektiert, so nehmt ihr mit dem Mondblick das Licht des Vaters indirekt wahr.

Tag und Nacht sind gleichwertig, und deshalb sind auch der Sonnenblick und der Mondblick gleichberechtigt. Ihr braucht beides: Ohne den Sonnenblick würdet ihr lebensuntüchtig, ohne den Mondblick eng und lebensfremd. Diejenigen, die *nur* mit dem Sonnenblick in die Welt schauen, können gute Naturforscher oder erfolgreiche Unternehmer oder blitzgescheite Politiker sein. Aber ihr Blick bleibt beschränkt. Oft vermögen sie nicht einmal, diese Beschränkung als solche zu erkennen. Dann seid nicht unglücklich darüber, dass sie nicht mit sich reden lassen. Sie können es nicht, weil sie gar nicht verstehen, worüber ihr mit ihnen reden wollt. Wenn ihr das wisst, werdet ihr ihnen ihren Willen zur Wahrhaftigkeit zugute halten und könnt ihnen mit Achtung und Respekt begegnen.

Das Normale ist, dass sich beide Arten des Blicks ständig vermischen. Ihr lasst euch zum Beispiel in den Nachrichten die Wetterlage meteorologisch erklären, schaut dabei aber aus dem Fenster und genießt die Romantik des Sonnenuntergangs. So solltet ihr euch ständig verhalten.

Erbittet ein Mensch euren Rat, so fragt ihr nach den relevanten Fakten, erklärt ihm, welche Fehler er eurer Meinung nach gemacht hat und was jetzt zweckmäßigerweise zu tun ist. Aber versäumt darüber nicht, ihn zu trösten, ihm Hoffnung zu machen und seine Schuldgefühle zu zerstreuen. Menschen brauchen immer beides: klare Erkenntnis der Fakten, aber auch Verständnis, Mitgefühl, Rückenstärkung, den Tagesblick und den Nachtblick.

In Gen. 1,16 werden neben Sonne und Mond auch die Sterne genannt. Gibt es auch so etwas wie einen Sternenblick?

Der Sternenblick verwandelt alles, worauf euer Auge fällt, in euren Bruder oder eure Schwester. Ihr blickt auf einen Menschen und empfindet Freude: »Brüder, überm Sternenzelt muss ein lieber Vater wohnen.« Ihr blickt auf einen Baum und zugleich auf das Baumhafte in euch selbst. Sogar wenn ihr auf ein Haus blickt, seht ihr eine Entsprechung in euch; auch ihr steht auf einem stabilen Fundament, habt Fenster und Türen ...

Der Sternenblick bringt euch zu Bewusstsein, *erstens*, dass ihr nicht allein seid, *zweitens*, dass ihr mit allem auf Erden in Kommunikation treten könnt, *drittens*, dass ihr mit allem in einer Beziehung steht und welches Ordnungsgeflecht stimmig wäre. Vor allem aber: Alles Seiende verdankt sich der Schöpfung und sehnt sich zu Gott zurück: Das nehmt ihr wahr, wenn ihr mit dem Sternenblick in die Welt schaut. Am Tage könnt ihr die Sterne nicht sehen, obwohl sie da sind, es ist zu hell.

Was habt ihr gespürt, wenn euer Reden einmal nicht ganz wahrhaftig war? Wie hat der Marienengel reagiert? Und was habt ihr gespürt, wenn ihr spontan geredet habt und eure Worte nicht von einem Schweigen vorbereitet und getragen waren? Wie hat der Sophienengel reagiert? Notiert einmal eure Erfahrungen.

Notizen:

_____

_____

_____

_____

Fünfter Tag:
Innere Quelle I. –
Schwimmen und Fliegen

Gen. 1,20: Nun sprach Gott: »Das Wasser wimmle von
lebendigen Wesen, und Vögel sollen über dem Land am
Firmament des Himmels dahinfliegen.« Und es geschah so.
21. Gott schuf die großen Seetiere und andere Lebewesen,
von denen das Wasser wimmelt, nach ihren Arten, und alle
gefiederten Vögel nach ihren Arten. Und Gott sah, dass es
gut war. 22. Gott segnete sie und sprach: »Seid fruchtbar
und mehret euch und bevölkert das Wasser in den Meeren,
und die Vögel sollen sich vermehren auf dem Land.« 23.
Es ward Abend, und es ward Morgen: fünfter Tag.

Elmalach: Jetzt fehlten nur noch die Grundformen der irdischen Existenz, die der Mensch mit der Tierwelt gemeinsam hat und die er brauchen wird, um in der gefallenen Schöpfung tätig werden zu können. Darauf läuft der Schöpfungsbericht zu. Der fünfte Tag handelt – evolutionsbiologisch gesehen korrekt – von den Tieren des Wassers und der Luft, der sechste von denen der Erde.

Der fünfte und der sechste Tag beziehen sich beide auf die innere Quelle, den Innenraum, den ihr in der Höhe des Solarplexus habt, also unterhalb der inneren Kirche und oberhalb der Krypta mit dem Kind. Die Quelle sprudelt inmitten einer frühlingshaften Landschaft und bringt das »Wasser des Lebens« hervor. Gemeint ist hier das biologische Leben, das sich von Generation zu Generation entwickelt.

In den Tieren sind Fähigkeiten angelegt und meistens auch entwickelt, die über das Vermögen der Pflanzen hinausgehen. Tiere sind *erstens* nicht ortsgebunden, sondern bewegen sich. Daran knüpft *zweitens* die Fähigkeit an, sich zu Gemeinschaften zusammenzuschließen, und daran *drittens* oft auch die Fähigkeit, miteinander in Kommunikation zu treten, zum Beispiel mittels einer Stimme.

Am fünften Tag ist die Rede von den Tieren des Wassers und der Luft, erst am sechsten Tag von den Landtieren und schließlich vom Menschen. Sprechen wir zunächst vom fünften Tag. Da ist die Frage: Was habt ihr mit dem Schwimmen und Fliegen zu tun? Gewiss, ihr könnt auch schwimmen und mit Hilfe von Apparaten sogar fliegen. Darum geht es hier natürlich nicht, es geht um die Prinzipien, die an diesem Tag in der menschlichen Seele verankert wurden.

Von diesen sprecht ihr häufig im Ton negativer Bewertung: Ihr geratet »ins Schwimmen« oder ins »Flattern«, wenn ihr euch nicht auskennt, das heißt: wenn ihr nicht genügend »geerdet« seid, also auf die Stufe des fünften Tages zurückfallt. Denn die vollständige Erdung erfolgt erst am sechsten Tag.

Die Seele kann aber auch in einem positiven Sinne schwimmen und fliegen, nämlich in ihrer Bewegung in Zeit und Raum.

Alles ist im Werden, alles fließt. Man kann bekanntlich nicht zweimal in denselben Fluss steigen, wie schon euer Philosoph Heraklit so treffend bemerkte. Auch euer geistiges, religiöses, kulturelles Denken befindet sich in ständiger Bewegung, sei es Entwicklung oder Dekadenz. Ihr schwimmt entweder im Strom der Zeit oder gegen ihn. Beides hat seine Berechtigung, je nachdem, ob euch die Zeitströmungen der Heimkehr näher führen oder ihr entgegen laufen.

Ihr pflegt sie danach zu bewerten, ob sie »aufklärerisch« und insofern »fortschrittlich« sind. Ja, so sehen wir Engel das auch. Was wir hier miteinander tun, ist aufklären, damit ihr gut vorankommt. Diese Begriffe werden allerdings von Menschen missbraucht, die noch gar nicht verstanden haben, was sie wirklich bedeuten. Es kommt ja nicht darauf an, ob etwas »zeitgemäß«, sondern ob es wahr oder falsch ist. Erinnert euch mal, welche Torheiten schon als »zeitgemäß« galten (»mit uns die neue Zeit«).

Beifall ist wichtig für Künstler, Entertainer, Wahlkämpfer. Wenn ihr als Aufklärer in der Öffentlichkeit wirken wollt, so gilt die Regel: Je spontaner der Beifall, desto überflüssiger der Auftritt. Der Beifall bekundet, dass die Zuhörer das Gesagte ohnehin gemeint haben, er belohnt nur die Ausdrucksweise. Wirkliche Aufklärer schwimmen meistens gegen den Strom der Zeit: Die spontane Reaktion darauf ist eher Befremden und Widerspruch, die Langzeitwirkung allerdings Nachdenklichkeit und Einsicht.

Wie sich das Schwimmen auf das Verhältnis der Menschen zur Zeit bezieht, so das Fliegen auf sein Verhältnis zum Raum. Eure Seele kann tatsächlich fliegen, das heißt, sich in Gedankenschnelle an einen anderen Ort begeben und dann an zwei Orten gleichzeitig sein. Macht einmal folgende Übung.

Übung:

Denkt euch in einen Vogel hinein, versucht, euch zu fühlen und zu bewegen wie er. Habt das Gefühl, ihr fliegt mal eine Runde ums Haus herum, über die Häuser, das Tal, den Wald, den See hinweg vor das Fenster eines eurer Freunde und schaut, was er gerade macht. Das heißt nicht, dass ihr euch aufs Dach stellt und loshüpft. In dieser Übung bleibt ihr auf dem Stuhl sitzen und versetzt euch nur innerlich in den Vogel hinein.

Es gibt Berichte, die zunächst sehr seltsam anmuten. Ein Mensch nimmt plötzlich wahr, dass sich eine ihm nahestehende Person auf einer Bergwanderung verirrt hat und im Begriff ist, auf einen lockeren Felsblock zu treten und in den Tod zu stürzen. Er ruft ihr zu: »Bleib stehen, kehr um, dort kommen Wanderer, die dich auf den Weg zurückführen werden!« Oder ein zutiefst verzweifelter Mensch ist im Begriff, sich das Leben zu nehmen. Da erscheint ihm ein Freund, der ihm Trost, Hoffnung und Ermunterung zuspricht. In beiden Fällen befinden sich die Helfer viele Kilometer weit weg. Doch die Lebensrettung erfolgte ohne Post oder Handy. Der eine brauchte Hilfe in äußerster Not, der andere nahm das wahr und konnte sie ihm bringen.

Wie sich das erklärt, ist ein Thema für sich. Was uns hier interessiert, ist: Der Mensch kann unter besonderen Umständen auch fliegen. Er hat am fünften Tag die Fähigkeiten des Vogels in seine Seele integriert. Die Kraft seines Willens kann durch Konzentration so stark werden, dass die Vorstellung, zu Hilfe zu kommen, die Seele mitträgt. Es kommt auf den Grad der Intensität des Willens an.

Kann die Fähigkeit zu fliegen auch zu dunklen Zwecken eingesetzt werden?

Im Prinzip könnt ihr sie einsetzen, um Leben zu retten oder zu zerstören, das liegt in eurer Freiheit. Aber ihr werdet diese Fähigkeit gar nicht erlangen, wenn ihr euch nicht in lichter Absicht darum bemüht. Ihr seht daran, wie weit das

Schöpfungsprinzip »Freiheit« reicht, was es alles umfasst. Löst euch von allen »provinziellen« Wichtigkeiten. Ihr seht dann das Weltgeschehen gewissermaßen aus der Vogelperspektive. Ihr gewinnt Überblick über die größeren Zusammenhänge und damit eine Horizonterweiterung, ein Gefühl von Leichtigkeit, Losgelöstheit, Unbeschwertheit, Freude. Die macht euch nicht gleichgültig, sondern spornt euch im Gegenteil zur Tat an. Sie ermöglicht euch zugleich, die Chancen auf Erfolg besser einzuschätzen und euer Tun darauf auszurichten.

Ich träume von Zeit zu Zeit, im Körper schweben zu können. Liegt dem eine Erfahrung zugrunde oder nur ein Wunsch?

Weder noch. Ihr träumt das nur kurz vor dem Aufwachen in dem Übergangsstadium, in dem sich der Teil der Seele, der sich beim Schlafen aus dem Körper erhebt, wieder in den Körper sinkt. Der Traum bringt Körper und Seele durcheinander. Ihr könnt ihn aber verstehen als ein Anklopfen der Seele, die euch sagt: Probier doch mal das Fliegen!

Fliegen wir schneller als mit Lichtgeschwindigkeit? Können wir auf diese Weise andere Erden in fernen Sonnensystemen erreichen?

So kann man das nicht sagen. Ihr bewegt euch in Gedankenschnelle, weil ihr die Zeit überhaupt hinter euch lasst.

Da gibt es keine Geschwindigkeit, kein langsam oder schnell.

Da haben wir ja hochfliegende Pläne!

Na dann, ich wünsche viel Spaß beim Fliegen, und bitte keine Bruchlandung!

SECHSTER TAG: INNERE QUELLE II – TIER UND MENSCH

Tier

Gen. 1,24: Nun sprach Gott: »Es bringe die Erde lebendige Wesen nach ihren Arten hervor: Vieh, Kriechtiere und Wild des Feldes.« Und es geschah so. 25. Gott machte alle Arten des Viehes, des Wildes und der Tiere, die auf dem Boden kriechen. Und Gott sah, dass es gut war.

Der sechste Tag bezieht sich auch noch auf die innere Quelle, die das »Wasser des Lebens«, und zwar des biologischen Lebens hervorsprudelt. Jetzt geht es um die Landtiere. Sie wurden »nach ihren Arten«, das heißt in ihren Urbildern geschaffen und erst in den Händen der Mutter in Vielfalt und Realität gesetzt. Was in euren Seelen etabliert wurde, lässt sich bei den Wasser- und Lufttieren in den Prinzipien des Schwimmens und des Fliegens zusammenfassen. Bei den Landtieren geht das nicht in gleicher Weise: Jede Tierart repräsentiert ein Prinzip für sich.

Zuvor ein paar Worte zur inneren Insel, die ja auch von vielen Tieren bevölkert ist. Diese verkörpern eure inneren Triebe und Antriebe: die Schlange den Antrieb zur Neugier, der Affe den Spieltrieb, das Raubtier den Jagdtrieb usw. Da geht es um eure Vitalität, um das rechte Maß, um die rechte Ordnung.

Hier, bei der inneren Quelle, deren frühlingshafte Umgebung von Tieren bevölkert ist, geht es darum, dass ihr euch die Tiere zu Freunden macht, indem ihr erfasst, was den Schöpfer an jeder Art erfreut und entzückt. Angesichts ihrer großen Zahl ist das zwar nicht zu schaffen, aber ihr könnt die Arbeit wenigstens beginnen und werdet erleben, wie wunderbar sie ist.

Beginnt damit, dass ihr euch mit einer Tierart eurer Wahl vertraut macht, indem ihr euch aus Büchern und Filmen informiert: Wie leben diese Tiere und wo, was sind ihre Stärken und Schwächen? Versucht mal, die Körperhaltung und die Stimme des Tieres zu imitieren. Versucht es einmal mit folgender Übung.

Übung:

Setzt euch nieder, schließt die Augen und stellt euch ein Tier vor, zum Beispiel einen Löwen. Er steht euch direkt gegenüber, ihr blickt einander an. Ihr fühlt weder Angst noch Abscheu, sondern sprecht mit ihm. Ihr sagt:

»Weißt du, ich verstehe dich, ich mag dich, ich respek-
tiere dich, ich erkenne in dir ein Geschöpf des Vaters.
Ich sehe, was er mit dir und deiner Art gemeint hat.
Und genau das trage auch ich in mir, ich habe die
Möglichkeit, löwenhaft zu werden.«

So macht das auch mit anderen Tieren. Beginnt bei denen,
die ihr mögt und leichter versteht. Es wird schwieriger mit
Tieren wie einem Skorpion. Aber schaut mal, wie grazil er
ist, wie mutig, wie er sich um seine Jungen kümmert, wie
elegant seine Bewegungen sind. Ihr werdet in jedem Tier
etwas entdecken, das schön und bewundernswert ist. Und
das ist es, was die Essenz des Tieres ausmacht.

Wenn ihr einen Menschen herabsetzen wollt, gebraucht
ihr oft Ausdrücke wie »Angsthase«, »dumme Gans« oder
»dreckiges Schwein«. Solche Grobheiten sind nicht nur den
Menschen gegenüber unangebracht, sie werden auch den
Tieren nicht gerecht. Ihr könnt Tiere nicht anhand menschlicher Bewertungsmaßstäbe beurteilen und ihnen nicht
menschliche Schwächen anhängen, sondern ihr solltet sie
in ihrem Wesen anerkennen und vor allem ihre Stärken ins
Auge fassen. Wenn ihr das tut, wird das weit reichende Folgen haben:

Erstens wird euch bewusst werden, dass ihr den Facetten-
reichtum der Tiere auch in euch bergt, ihn aber größtenteils
noch gar nicht genutzt habt.

Zweitens werdet ihr mit Tieren in eine andere Art der

Kommunikation treten können. Ihr werdet lernen zu verstehen, was ein Tier womit ausdrückt. Ihr werdet es freundlich und artgerecht behandeln. Und ihr werdet als Freund und Anwalt der Tiere darauf hinwirken können, dass sie auch von anderen so behandelt werden.

Drittens werden die Tiere spüren, dass ihr liebevoll auf sie eingeht. Sie werden euch zu Freunden, und das kann tatsächlich Wirkungen in der Außenwelt haben. Das deutet auch schon die Heilige Schrift in der Geschichte von Daniel in der Löwengrube an (Dn. 6,17–24). Das lebten euch Heilige wie zum Beispiel Franz von Assisi vor. Heute verfügt ihr über den Erfahrungsschatz der »Pferdeflüsterer« und anderer Tierkommunikatoren. Es ist von allergrößter Wichtigkeit, dass dieser Erfahrungsschatz mehr und mehr ins öffentliche Bewusstsein eingeht.

Der Mensch

Gen. 1,26: Nun sprach Gott: »Lasst uns den Menschen machen nach unserem Bilde, uns ähnlich. Sie sollen herrschen über die Fische des Meeres, über die Vögel des Himmels, über das Vieh, über das Wild des Feldes und über die Tiere, die auf dem Boden kriechen.« 27. Und Gott schuf den Menschen als sein Ebenbild, als Gleichnis Gottes schuf er ihn, als Mann und Frau schuf er sie.

Gen. 1,28: Gott segnete sie und sprach zu ihnen: »Seid
fruchtbar und mehret euch, bevölkert die Erde, macht sie
euch untertan und herrscht über die Fische des Meeres,
die Vögel des Himmels und über alles Getier, das sich auf
Erden regt!« 29. Dann sprach Gott: »Seht, ich übergebe
euch alle Pflanzen der Erde, die Samen hervorbringen und
Früchte tragen; das sei eure Nahrung. 30. Auch allen
Tieren des Feldes, allen Vögeln des Himmels und allem,
was sich auf Erden regt und Lebensodem in sich hat, gebe
ich alle grünen Pflanzen zur Nahrung.« Und so geschah es.
31. Gott betrachtete alles, was er gemacht hatte, und siehe,
es war sehr gut. Es ward Abend, und es ward Morgen:
sechster Tag.

Mensch und Tier

Betrachtet als Erstes die herausgehobene Stellung des Menschen in der Natur. Es wird euch auffallen, dass die Erschaffung des Menschen am selben Tag erfolgte wie die der Tiere und dass zur Erläuterung auf nichts anderes verwiesen wird als auf die Herrschaftsstellung des Menschen über die Tiere. Dieser Hinweis ist in den Bericht über die Erschaffung des Menschen untrennbar hineinverwoben: schon in Vers 26 und noch einmal in Vers 28.

Die Menschenseele kann, wie gesagt, die Essenz aller Tierarten, ihre Stärken und Schönheiten in sich integrieren.

Das Tier hingegen integriert weder die Essenz anderer Tier-arten noch gar die des Menschen, es zeigt jeweils nur einen Teilaspekt aus der Innenwelt Gottes.

Stellt euch einmal vor, die Innenwelt Gottes bestehe aus unzähligen kostbarsten Teilchen. Diese würden mit einer großen Geste – wie beim Aussäen – in die Weite hinaus-geworfen, breiteten sich wie ein bunter Teppich über die Erde aus und bildeten die Vielfalt und Fülle der Tier- und Pflanzenwelt. Nun würden Ableger eines jeden Teilchens zu einem Klumpen zusammengefasst und daraus die Figur des Menschen geformt. Also im Unterschied zum Tier birgt der Mensch die Vielfalt und Fülle der Möglichkeiten in sich.

Aus dieser Überordnung des Menschen folgt natürlich nicht, dass ihr ermächtigt wäret, die Tiere für eure irdischen Zwecke rücksichtslos auszunutzen. Im Gegenteil ergibt sich daraus die Aufforderung, respektvoll mit ihnen umzugehen. Ihr sollt über die Natur zwar herrschen, aber nicht wie ein grausamer Despot, sondern wie ein guter König, der stets auch auf das Wohl der ihm Anvertrauten bedacht ist.

Nur das ist mit der Formel gemeint: »Macht euch die Erde untertan« (Vers 28). Wenn ihr mit den Tieren res-pektvoll und artgerecht umgeht, versteht ihr euch als ihre Hirten, so wie ihr Gott als euren Hirten versteht: »Der Herr ist mein Hirte, mir wird nichts fehlen …« (Ps. 23).

Während sich die Tiere von den Pflanzen dadurch unter-scheiden, dass sie nicht verwurzelt sind, sondern sich fort-bewegen, unterscheidet sich der Mensch vom Tier durch den aufrechten Gang, sodass das göttliche Lichtwasser von oben in ihn einfließen kann.

Mann und Frau

Damit ist freilich die Bedeutung der auf die Erschaffung des Menschen bezogenen Passage noch nicht erschöpft. »Als Mann und Frau erschuf er sie«, heißt es in unmittelbarem Zusammenhang mit der Betonung der Ebenbildlichkeit des Menschen. Das ist ein deutlicher Hinweis auf die Himmlische Mutter, die an der Seite des Vaters an der göttlichen Schöpfung beteiligt ist.

Es wird ja nicht bloß gesagt, Gott habe auch weibliche Züge, wie man das auch von Männern sagen kann und wie umgekehrt auch Frauen männliche Züge haben. Es ist die Rede von zwei Personen – Mann und Frau, Vater und Mutter –, die zur göttlichen Dreieinigkeit gehören. Als solche sind sie zwar aufs engste verbunden, sie denken, fühlen, wollen und handeln stets im Einklang miteinander, aber sie existieren eigenständig nebeneinander.

Diese Tatsache wird bei der Erschaffung des Menschen als »Mann und Frau« nachgebildet. Das ist der Sinn und wesentliche Inhalt dieser Aussage. Es geht also nicht nur um die Zweigeschlechtlichkeit und ihre Bedeutung für die Fortpflanzung, denn die ist auch in der Tierwelt schon gegeben.

Ebenbild und Gleichnis

Eine dritte Frage betrifft die Rede von »Ebenbild« und »Gleichnis«. Ihr seid beides, aber worin besteht der Unterschied?

In mehreren Bibelübersetzungen wird überhaupt kein Unterschied gemacht. Sie verwenden stattdessen stets dasselbe Wort, manche »Bild«, manche »Abbild«.

Ja, das ist schade. Ich will hier kein sprachkundliches Seminar halten, aber doch betonen: Der Verfasser des Schöpfungsberichts macht einen Unterschied zwischen »gleich« und »ähnlich«. Ihr seid beides: Gott gleich und Gott ähnlich, Gottes Ebenbild und Gottes Gleichnis. Das wirft natürlich die Frage auf: Wie könnt ihr beides zugleich sein? Inwiefern genau seid ihr das eine und das andere?

Ihr seid insofern Gott gleich, als jeder von euch eine Facette aus der Innenwelt Gottes ist. Während die Tierarten unzählige »Teilchen« seiner Innenwelt zu einer Facette zusammenfassen, ist jede eurer Seelen für sich eine Facette. Jede repräsentiert das Ganze, und dessen könnt ihr euch auch bewusst werden.

Könntet ihr Gott schauen, so würdet ihr in ein menschliches Antlitz blicken, nicht in das Gesicht eines Hirsches, eines Vogels oder einer Schlange. Dann wenn ihr Gott gleich seid, ist er natürlich auch euch gleich. Ihr seid sein Ebenbild, also ist er auch euer Ebenbild. Insofern ist das Verhältnis zwischen Mensch und Gott umkehrbar. Er ist euch nah, näher als Mutter und Vater auf Erden, also seid ihr auch ihm nah. Der Begriff der Ebenbildlichkeit gibt euch nicht nur Auskunft über euch, sondern auch über ihn.

Erste Übung:

Sammelt euch in innerer Ruhe und sagt euch: Ich bin Gottes Ebenbild, ich bin so geschaffen, dass ich ihn widerspiegele. So bin ich von ihm gemeint. So war es am Anfang, so wird es am Ende wieder deutlich sichtbar werden. So ist es auch in der Zwischenzeit, nur ist der Spiegel nicht so klar und ungetrübt, wie er im Ursprung war und bei der Heimkehr wieder sein wird.

Eure Seele ist im Innersten licht, aber infolge des »Falls« steht ihr auch unter dem Einfluss der dunklen Hierarchien. Euer Doppelgänger und die all der anderen spielen zusammen, solange ihr inkarniert seid. Insofern seid ihr Gott nicht gleich, sondern nur ähnlich, ihr seid sein »Gleichnis«.

Ihr habt deswegen aber nicht aufgehört, zugleich auch Gottes Ebenbild zu sein. Wenn ihr in den Spiegel schaut, müsstet ihr eigentlich ihn sehen. Allerdings ist sein Licht so hell, dass ihr keine Einzelheiten erkennt, so wie ihr am Tag die Sterne nicht seht. Eure Augen sind auf eure irdischen Verhältnisse eingestellt, sie können weder Gott noch Engel wahrnehmen. – Gott seinerseits sieht aber euch. Wenn er in den Spiegel schaut, erkennt er sein Ebenbild in euch.

Zweite Übung:

Seht in den Spiegel im Badezimmer. Ihr seht nur euch selbst. Versucht jetzt mal, euch zu sagen: »So sieht Gott aus – nicht nur, aber auch so. So sieht er sich in mir. Ich bin verantwortlich dafür, dass er sich so sehen muss. Kann ich es wirklich verantworten, ihn so aussehen zu lassen?«

Sein Ebenbild zu sein, wird euch nicht größenwahnsinnig, sondern sehr demütig machen. Der Anspruch, Gottes Ebenbild zu sein, ist niederschmetternd. Er legt euch eine Verantwortung auf die Schulter, von der ihr glaubt, sie kaum tragen zu können.

Dem Anspruch, Gott *ähnlich* zu sein, könnt ihr wesentlich leichter gerechtwerden.

Dritte Übung:

Stellt euch ein von Meisterhand gemaltes Bild Gottes vor die inneren Augen, zum Beispiel das von Michelangelo in der Sixtinischen Kapelle. Betrachtet es eine Weile, und dann fragt euch: »Was drücken seine Mimik und Gestik, die Züge um Augen und Mund, die Haltung des Kopfes und der Hände aus? Welche Ausstrahlung hat das Bild? Und im Vergleich dazu: Wie ist das bei mir? Was könnt ich da noch verbessern und erneuern, wo sollte ich als Erstes ansetzen?«

Zwar zeigt euch auch diese Gleichnisübung Gott als eine unvorstellbare, große, alles übersteigende, nicht begreifbare Macht, vor der ihr kaum bestehen könnt. Aber das seid ihr gewohnt. Ihr habt euch schon damit abgefunden, dass ihr immer wieder eines Anstoßes bedürft, Gott ähnlicher zu werden, und dass es nie gelingt. Ihr pflegt dann zu sagen: »Wir sind Sünder allzumal«, ihr kokettiert ein bisschen mit dieser Einsicht und vertraut auf Gottes Erbarmen.

Dem Anspruch aber könnt ihr auf keine Weise ausweichen. Nicht einmal Gott selbst könnte euch von ihm befreien. Er hat sich in eure Hand gegeben und meint das ernst: Ihr bestimmt, was er sieht, wenn er in den Spiegel eurer Ebenbildlichkeit schaut.

Sein »Ja« zur Schöpfung gilt unverbrüchlich. Er sprach es

in der Gewissheit, dass sie nach dem »Fall« umkehren und zu ihnen heimfinden wird. Diese Gewissheit beruht wesentlich auf seinem Vertrauen in die Menschen: Ihr tragt die Hauptlast des Bemühens. Die Engel sind eure Helfer, sie schützen, leiten und dienen euch im Rahmen ihrer Macht und Ohnmacht. Aber die letzte Verantwortung für die Heimkehr liegt bei euch.

Dies zu wissen, ist für euch unangenehm, ja erschreckend. Aber es ist auch aufmunternd, ermutigend und stärkend. Es ist eine Herausforderung, die euch wachsen lässt.

Aus eurer Erfahrung wisst ihr ja: Wer sich ständig in die Nähe des Kleinen bringt, wird schrumpfen. Wer sich mit dem Großen und Schönen umgibt und verbindet, gewinnt an Kraft und innerem Reichtum und wird auch seinen Alltag meistern. Wenn ihr in dieser Weise an euch arbeitet, wird Gott im Spiegel eurer Ebenbildlichkeit wahrnehmen, dass sich eure Gesichtszüge verändern. Sie können im Laufe der Zeit zum Beispiel immer mehr Tatkraft oder Edelmut, Gerechtigkeitssinn oder Milde ausstrahlen. Die Veränderung geschieht nicht von heute auf morgen, die Materie ist träge. Aber sie ist ja geronnener Geist und lässt sich von eurer geistig-seelischen Entwicklung prägen.

Die größten Gefahren liegen in den kleinen Dingen des Alltags: in Verletzungen und Verbitterungen, in Missverständnissen und Aggressionen, in Launenhaftigkeit und Ungeduld. Die Doppelgänger nutzen jede Gelegenheit zum Angriff. Da wird der Gedanke an die Ebenbildlichkeit sehr

hilfreich sein, euch im Alltag zu stabilisieren. Ihr wisst dann:
Es gibt Gott nur mit euch – und euch nur mit Gott.

Notizen:

_____

_____

_____

_____

_____

_____

_____

_____

_____

_____

_____

_____

_____

_____

»Werde, der du bist!«

Ihr wisst, dass ihr in den großen Weisheitslehren der Menschheit immer wieder aufgefordert werdet: »Werde, der du bist!« Diese Aufforderung setzt voraus, dass ihr noch nicht ganz ihr selbst seid, dass vielmehr euer Fühlen, Denken, Wollen und Handeln von der Außenwelt gesteuert werden. Jeder Einzelne ist deshalb vor die Fragen gestellt: »Weißt du, wer du eigentlich bist, und weißt du, was das bedeutet?«

In der Heiligen Schrift findet ihr die Antwort: Gott schuf den Menschen als sein Ebenbild und Gleichnis. Wenn ihr betrachtet, was Menschen in der Welt so alles anrichten, sieht es nicht danach aus. Doch Gott schuf den inkarnierten Menschen nicht unmittelbar. Er schuf die Seele, die sich in der gefallenen Welt zu bewähren hat.

Es ist wichtig, den Begriff »Seele« realistisch zu verstehen. Die Seele ist eine freie Individualität mit einem ewigen Namen, ein »Ich«, das dem Vater in einer Ich-Du-Beziehung gegenüberstehen kann.

Die Seele ist Gottes Ebenbild insofern, als sie eine Facette aus Gottes Innenwelt ist, die er aus sich herausgesetzt hat. Sie ist *erstens* vollkommen licht und ist auch so geblieben, als es zum »Fall der Engel« und damit zum Entstehen des Dunkels kam. Sie ist *zweitens* eine Individualität, die von sich »Ich« und zu der man »Du« sagen kann. Die empirische Wissenschaft kann eure Ich-Erfahrung, wie ihr sie jeden Tag erlebt, nur anhand ihrer objektiven Wirkungen auf andere beschreiben, sie aber nicht erklären. Jeder Wissenschaftler muss seine Ich-Erfahrung als eine Gegebenheit voraussetzen. *Drittens* handelt eure Seele, sofern sie die Kraft hat, sich gegen die Widerstände der Materie und der dunklen Einflüsse durchzusetzen, so frei und selbstbestimmt wie Gott.

Sie »inkarniert« sich, seitdem der Fortschritt der biologischen Evolution ihr das ermöglicht hat. Sie kommt mit der Absicht auf die Welt, etwas vom Himmel auf die Erde zu bringen. Sie bedient sich der Person und des Körpers. Diese setzen ihr allerdings Widerstände entgegen. Durch sie hindurchzuwirken, gelingt ihr nur mehr oder weniger. Doch wenn ihr sterbt, löst sich die Seele von Körper und Person, ist also von ihren genetischen und sozialen Verstrickungen frei.

Als inkarnierte Wesen seid ihr den Bedingungen des irdischen Daseins unterworfen: *Erstens* den Altersstufen – ihr könnt erst als Heranwachsende zu freier Selbstbestimmung finden, und ihr werdet schließlich sterben. *Zweitens* steht ihr im Spannungsfeld zwischen den lichten und den dunklen Kräften, die durch den »Doppelgänger« auf euch einwirken. Und *drittens* seid ihr geprägt sowohl durch die genetische Abstammung als auch durch euer soziales und kulturelles Umfeld.

Normalerweise sind die drei Faktoren – genetische Veranlagung, soziales Umfeld und Seele – ungefähr gleichgewichtig. Der Einfluss der Seele kann freilich auch sehr klein und schwach werden. Das führt dann zu einem sehr unglücklichen Leben, z. B. dem eines stumpfsinnigen Massenmörders. Der Einfluss der Seele kann jedoch auch sehr viel stärker werden und die beiden anderen Faktoren in Dienst nehmen. Je vorherrschender er wird, desto mehr werdet ihr die, die ihr eigentlich seid, nämlich Gottes Ebenbild. Ihr werdet dann immer lichtere Menschen, bringt immer mehr vom Himmel auf die Erde, wie es eurer vorgeburtlichen Lebensabsprache entspricht. »Werde, der du bist« heißt so verstanden: Lass die Seele mit den ihr eigenen lichten Impulsen zum dominanten Faktor werden, nähere dich so weit wie möglich dem Ebenbild Gottes an!

In Freiheit handelt ihr auch dann, wenn ihr aus vernünftigen Gründen auf die Gegebenheiten eurer sozialen Umwelt Rücksicht nehmt, die Gesetze beachtet, den Anweisungen eurer Vorgesetzten Folge leistet, euch benehmt, wie es sich gehört, Traditionen, Sitten und Gepflogenheiten respektiert. Solange ihr das alles freiwillig und ohne Gewissensbisse tun könnt, bleibt ihr damit im Einklang mit Gott und euch selbst.

Anders aber, wenn ihr euch der Erinnerung an eure himmlische Herkunft verschließt und meint: Heutzutage stelle man keine religiösen Fragen mehr, sondern passe sich der »Moderne« an. Wenn ihr euch einer besseren Einsicht verschließt, um mit dem kollektiven »Man sagt so« im Einklang zu bleiben, dann werdet ihr nicht von der eigenen Seele, sondern vom sozialen Umfeld gesteuert. Ihr lebt dann nicht selbstbestimmt, sondern fremdbestimmt. Ihr lehnt euch gegen euch selbst auf, gegen eure vorgeburtliche Lebensabsprache, gegen den, der ihr eigentlich seid. Dann rufen wir Engel und die inspirierten Weisheitslehrer euch zu: »Werde, der du bist!«

Fragt euch bitte einmal: Bin ich schon ganz der, der ich bin? Was gibt mir Anlass, daran zu zweifeln?

Notizen:

_____

_____

_____

_____

_____

_____

_____

_____

_____

_____

_____

_____

Siebter Tag:
Innere Kirche –
ruhen und heiligen

Gen. 2,1. »So wurden Himmel und Erde mit all ihren Heerscharen vollendet. 2. Gott vollendete am siebten Tag sein Schöpfungswerk und ruhte, nachdem er es vollbracht hatte. 3. Gott segnete den siebten Tag und heiligte ihn. Denn an ihm ruhte er von seinem ganzen Schöpfungswerk.«

Elmalach: Der siebte Tag bezieht sich auf den Innenraum, den ihr auf der Höhe des Herzens habt: Die innere Kirche mit dem betenden Engel am Altar und Christus in der Nische hinter dem Altar. Dieser Innenraum ist das Zentrum eurer Seele, der lichte und unangreifbare Raum des Heiligen, des Gebets, der Kontemplation. Hier findet ihr zu der inneren Ruhe, derer ihr bedürft, um ungetrübte Erkenntnis zu erlangen und euch mit dem Heiligen zu verbinden.

Wenn ihr euch in die innere Kirche begebt, werden euch die Alltagsprobleme, die so groß und schwerwiegend erschienen sind, nicht mehr niederdrücken. Ihr werdet euch eurer herausgehobenen, königlichen Stellung in der Welt bewusst werden und erlangt die innere Souveränität, die euch hilft, eure Aufgaben zu meistern.

Die Ruhe und die Heiligung des siebten Tages sind also zugleich der Beginn der Arbeit für die Zukunft. Deshalb ist es nicht richtig, den Sonntag zum »Wochenende« zu rechnen. Die Woche beginnt mit dem Sonntag. Er ist der Tag, an dem ihr die Kraft für die kommende Woche sammelt. So sollten eure Kalender gestaltet sein, und so entspricht es auch eurer christlichen Tradition.

Wenn auch der Sonntag in herausgehobener Weise der Ruhe und der Heiligung gewidmet ist, so bedeutet das nicht, dass ihr an den übrigen Wochentagen von Montag bis Samstag nicht auch immer wieder der Neubesinnung auf das Woher und Wohin, das Oben und Unten bedürft. Das Heilige und das Profane sind nicht streng voneinander getrennt. Ob ihr eure Arbeit am Schreibtisch tut oder am Fließband, an der Kasse oder am Steuer, keine Tätigkeit und kein Ort sind unangemessen. Das Heilige gibt es nicht nur an besonderen Orten und Tagen, sondern es durchdringt die Normalität des Alltags.

Das Profane ist der irdische Anker des Heiligen. Ihr könnt das Heilige, den Odem Gottes in eure Alltagsgeschäfte einfließen lassen, indem ihr den Tag in Abschnitte zusammenhängender Tätigkeiten gliedert – die Konferenz, die Verhandlung, den Spaziergang, die Mahlzeit – und jeden Abschnitt mit einem Dank, einem Kreuzzeichen, einem Segen, vielleicht auch dem Entzünden einer Kerze abschließt.

Im Laufe des Tages wird sich die Intensität des Heiligen immer wieder steigern. Der Tag beginnt ziemlich schlicht – im Badezimmer, beim Frühstück, bei der Durchsicht der Post. Die Kurve steigt mit dem Ende jedes Abschnitts, sinkt vielleicht auch wieder. Doch am Abend solltet ihr den Sonnenuntergang bewusst wahrnehmen und den »Feierabend« so erleben, dass ihr friedlich schlafen und mit frischen Kräften erwachen werdet.

Wird auf diese Weise jeder Tag zum Feiertag, so sollten es die Sonntage und die Feiertage des Jahreskreises in herausgehobener Weise werden. Gott schuf den Wechsel von Tag und Nacht, von Sonne und Mond auch »als Zeichen für Festzeiten«, wie es in Gen. 1,14 heißt.

Das Buch Genesis wurde gegen Ende des 5. Jahrhunderts vor Christi Geburt geschrieben, und da hatten die Völker aller Kulturen und Religionen längst ihre kalendarisch festgelegten Jahresfeste. Die sollt ihr natürlich nicht alle mitfeiern – irgendwo auf dem Erdenrund ist immer gerade Feiertag. Hebt aber den Sonntag und die kirchlichen Feiertage hervor, an erster Stelle Weihnachten, Ostern und Pfingsten, wie es die Engel tun, und zwar alle lichten Engel ohne Ausnahme.

Es geht aber um mehr: Jeder Tag, auch jeder Alltag ist ein Festtag, ein heiliger Tag, eine neue Schöpfung. Denn an jedem Tag kann etwas beginnen, das für die Heimkehr bedeutsam werden wird. Das wisst ihr nicht im Voraus, ihr erkennt es auch nicht immer gleich, wenn es geschieht. Meist zeigt sich erst im Rückblick, wie wichtig die Begegnung mit einem Menschen, die Lektüre eines Buches oder ein beiläufig gesprochener Satz geworden ist.

Jeder Tag birgt eine Fülle von Möglichkeiten. Empfangt ihn erwartungsvoll wie ein Geschenk. Damit heiligt ihr ihn, und er heiligt euch. Es gibt ihn nur ein einziges Mal. Ihr solltet ihn so leben, als wäre er der erste und der letzte, das heißt: Er ist wertzuschätzen, ernst zu nehmen, er ist wichtig. Er besteht nicht nur aus langweiligen Wiederholungen immer des Gleichen, er ist nicht einfach abzuarbeiten und verdrießlich zu akzeptieren. Ihr solltet ihn mit Hoffnung, Dankbarkeit und Freude erleben.

Am besten ihr dankt morgens und mittags für alles, was er bringen mag, und abends für das, was geschehen ist. Tut das wirklich, zündet dazu eine Kerze an. Dann seid ihr vom Doppelgänger wesentlich weniger angreifbar, werdet weniger schlechte Laune und Aggression zeigen.

Wenn ihr dazu bereit seid, beschließen wir diesen Tag mit einer

Abendübung:

Sammelt euch in innerer Ruhe, bedenkt den verflosse-
nen Tag und dankt ihm für alles, was er euch an Impulsen, Neuorientierung, Lösung oder auch an neuen
Bindungen gebracht haben mag, auch wenn ihr es noch
gar nicht sicher wisst.

Stellt euch vor, der Tag lässt sich in Form eines kleinen
Vogeleis zusammenfassen und ablegen. Die Eiform weist
auf Lebendigkeit und Zukunft hin: Es fängt etwas an,
es kann etwas draus werden. Ihr lasst also den Tag nicht
als etwas Vergangenes fallen, sondern bewahrt ihn auf.
Habt ihr einen Hausaltar, legt das kleine Ei dort nieder,
sonst findet einen anderen schönen Platz. So geht ihr
stimmiger mit euren Tagen um, ihr verstärkt ihre Wirkung auch auf andere. Eure Tage dürfen in die Zukunft
hinein blühen und Frucht bringen.

Notiert eure Erfahrungen mit der Heiligung des Tages.

Notizen:

_____

_____

Rückblick

Gen. 2,4 A: »Das ist die Entstehungsgeschichte des Himmels und der Erde, als sie erschaffen wurden.«

Elmalach: Dieser Vers blickt zurück auf die gesamte Schöpfungsgeschichte, also auf die ursprüngliche Schöpfung, auf den »Fall der Engel« mit dem Sturz in die Materie, vor allem aber auf die sieben Tage der Verankerung der Schöpfungsprinzipien in eurer Seele. All das geht auf himmlische Inspirationen zurück. Diese hat der Verfasser des Schöpfungsberichts allerdings nur in kurzen, bildhaften Formeln zusammengefasst. Um den Text für euch Heutige verständlich zu machen, bedarf er der Aufschlüsselung und Erläuterung. Die haben wir euch in diesem Buch zu geben versucht.

Bruchstücke der Aufklärung sind in Heiligen Schriften und anderen Weisheitsbüchern niedergelegt. Zu allen Zeiten gab es Menschen, die mit diesen Büchern respektvoll umzugehen verstanden. Sie wussten, die Texte sind stets auch durchsetzt mit mythischen, das heißt von Menschen erdachten Welterklärungen. So haben der zweite Schöpfungsbericht und die sich anschließende Schilderung der Abfolge der Generationen bis hin zu Noah weitgehend mythischen Charakter. Mitunter beruhen die Texte auch auf »Inspirationen«, die dunkle Mächte haben hineinfließen lassen. Ihr habt dann zu lernen, welche Passagen in diesen Büchern wirklich auf himmlische Aufklärung zurückgehen.

Ich wiederhole deshalb noch einmal die beiden Grundgedanken, um die es in diesem Buch ging.

Erstens: *Die Seele verstehen, heißt, das Universum verstehen.*

Die Entsprechungen zwischen eurer Seele und den im Universum waltenden Prinzipien, zwischen eurer Innenwelt und der Außenwelt, machen euch zum Bindeglied zwischen Himmel und Erde. Sie ermöglichen euch, die Außenwelt zu verstehen, denn sie entspricht eurer seelischen Struktur: wie Innen so Außen. Auf diese Weise könnt ihr das innerste Streben der Schöpfung erfassen: Sie ist aus dem Gleichklang mit dem ursprünglichen Wollen des Schöpfers gefallen und sehnt sich danach, zu ihm zurückzukehren.

Zweitens: *Das Universum verstehen, heißt aber auch, die Seele und damit auch eure gegenwärtige Lebenswirklichkeit verstehen.* Denn ihr könnt euer Menschsein nicht verstehen, solange ihr eure Ich-Erfahrung, euer Erleben, euer Denken, Fühlen und Wollen nur als Funktionen eurer irdischen Person seht. Die Erinnerung an die Schöpfung, ihren Fall und ihre Wiederherstellung schlummert in euren Seelen, ebenso

300

wie die zuversichtliche Hoffnung auf ihre schlussendliche Heimkehr. Wenn euch Erinnerung und Hoffnung bewusst werden, wird eure Seele sich darin wiedererkennen, und ihr habt den Weg zu Gott gefunden.

NACHWORT

VON MARTIN KRIELE

»Wissenschaft und Aufklärung haben bewiesen: Es gibt weder Gott noch Engel.« Das ist zu einer weitverbreiteten Überzeugung geworden. Im Folgenden möchte ich die Argumente, die für diese Überzeugung sprechen, kurz prüfen.

Gibt es Geist ohne Gehirn?

Die Unmöglichkeit eines göttlichen Schöpfers wurde früher mit dem Argument begründet: Zwecke und Absichten setzen materielle Gehirne voraus. Denn ohne Gehirn kein Geist. Also werden wir von einem göttlichen Schöpfer erst wieder reden können, wenn wir sein materielles Gehirn entdeckt haben werden, und von Engeln erst, wenn ihre Existenz durch die Ausgrabung von Engel-Skeletten bewiesen sein wird (ein sogenannter »Experte« Weihnachten 2009 im ZDF).

Demgegenüber meinte z. B. Hoimar v. Ditfurth, obwohl

prinzipiell religionskritisch, dass es »Geist, Fantasie und Zielstrebigkeit in dieser Welt schon immer gegeben hat«. Diese Erkenntnis, fügt er hinzu, »ist die wahrscheinlich bedeutungsvollste Konsequenz der modernen Naturwissenschaft«.[16] Es gebe also Geist ohne Gehirn.

Er erläutert das am Beispiel des indischen Schmetterlings »Kaiseratlas«. Dessen Raupe knabbert in ihrem Puppenstadium das Blatt eines Baumes an, sodass es sich zusammenrollt. Zuvor spinnt sie das Blatt am Zweig fest, sodass es nicht herunterfallen kann. Ehe sie in die Blattröhre hineinkriecht, wiederholt sie den Vorgang mit sechs oder sieben Blättern, sodass die Futter suchenden Vögel auf »Nieten« treffen und aufgeben. Sie hat aber kein Gehirn, das so komplexe Wirkungen einschätzen könnte.

Zweckmäßiges, absichtsvolles Verhalten unabhängig von Gehirnen finden sich in den zahllosen Beispielen, die wir unter dem geheimnisvollen Begriff des »Instinktes« zusammenzufassen pflegen. Wer hat da gedacht, Erfahrungen gesammelt, Auswege gesucht und gefunden? Und wieso vererben sich die gewonnenen Einsichten? Wie geraten sie in die Gene? Woher weiß der Storch in Afrika, wie er sein Nest in Mecklenburg wiederfindet? Das alles ist noch unerforscht. Die Tatsachen aber lassen sich nicht leugnen.

Sie sagen uns: Zwecke und Absichten gab es schon, ehe

16 Hoimar v. Ditfurth, Im Anfang war der Wasserstoff, 3. Aufl. 1973, S. 14

es Gehirne gab. Geist geht der Materie zeitlich und sachlich voran.

Seither lautet das Argument: Es sei so anzusehen, *als ob* in der Evolutionsgeschichte Zwecke und Absichten keine Rolle gespielt hätten. Das sei nun einmal Kennzeichen wissenschaftlichen Denkens. Doch warum dieses »Als-ob«?

Ein Beispiel: Der international anerkannte Evolutionsbiologe Richard Dawkins erläutert: Wenn es Geist ohne Gehirn gebe, dann sei auch die Existenz Gottes und der Engel denkbar, und das sei nicht wünschenswert. Doch das ist natürlich kein wissenschaftliches Argument, sondern die Aufforderung, die Öffentlichkeit weltanschaulich zu manipulieren.

Und warum ist die Existenz Gottes und der Engel nicht wünschenswert? Die Antwort Dawkins lautet: Weil erst die vollständige Überwindung der Religion ein friedliches Zusammenleben der Menschen ermöglichen werde. Das schrieb er nach Ablauf eines Jahrhunderts, das geprägt war von zwei Weltkriegen ohne religiöse Motivation und von drei Totalitarismen – dem nationalsozialistischen, sowjetischen und maoistischen –, die alle drei die Religion überwinden wollten.[17]

Dawkins hat jetzt den islamistischen Terrorismus im Blick. Doch um dem zu begegnen, bedürfen wir gescheiterer Strategien, als den Islamisten zu sagen: Euer Terror ist nicht wünschenswert, also gibt es Allah gar nicht.

---

17 Richard Dawkins, Der Gotteswahn, 2007, dazu Martin Kriele, Gott und die Vernunft, 2008, S. 12–21

Ebenso wenig Erfolg versprechend ist das Argument des bekannten Astrophysikers Stephen Hawking: »Ich sehe das Gehirn als Computer, der aufhört zu arbeiten, wenn seine Bestandteile versagen.« Es gebe »keinen Himmel oder Leben nach dem Tod für kaputte Computer. Das ist ein Märchen für Leute, die sich vor dem Dunkeln fürchten«.[18]

Doch Computer funktionieren nur, wenn es jemand gab, der sie erstens konstruiert und zweitens programmiert hat. Nimmt man also an, »die Evolution« habe das Gehirn konstruiert und programmiert, muss ihr dann nicht eine planende Intelligenz zugrunde liegen, die der von Bill Gates und Steve Jobs mindestens ebenbürtig ist?

Wie entstand das Leben?

Damit es überhaupt zur biologischen Evolution kommen konnte, musste es zunächst einmal Lebewesen einfachster Art gegeben haben. Der namhafte Evolutionsbiologe F. M. Wuketits glaubt eine Erklärung für den Übergang von unlebendiger zu lebendiger Materie gefunden zu haben: »Leben kann – aus heutiger Sicht – als Folge materieller *Selbstorganisation* betrachtet werden.« Man habe nämlich nachgewiesen, »dass aus anorganischen Substanzen organische Verbindungen entstanden. Das waren natürlich noch

18 So in der britischen Zeitung *Guardian* vom 16.05.2011

keine Lebewesen«, aber sie seien immerhin »auf abiotischem Wege« entstanden. Inzwischen sei nachgewiesen, »dass die Materie unter ganz bestimmten Rand- und Rahmenbedingungen die Tendenz zeigt, selbstreplikative (sich selbst vermehrende) Systeme hervorzubringen«. Dabei erfolge »stets eine Selektion«. »Die der Materie zukommenden Eigenschaften der Selbstorganisation und Selektion waren ... die Grundbedingung für die Entstehung des Lebens auf der Erde.«[19]

Angenommen, es gelinge künftig der Nachweis, dass sie nicht nur notwendige, sondern sogar hinreichende Bedingungen sind, dass das Leben also unvermittelt aus der Materie entstanden ist. Dann ist diese Potenzialität also in der Materie angelegt. Ist die Materie womöglich aus Geistigem hervorgegangen, sozusagen »geronnener Geist«?

Wie kam es zur Fortpflanzung?

Ist nun – so oder so – ein einzelliges Lebewesen entstanden, ist die Frage, wieso es Nachkommen hervorbringen konnte. Die biologische Evolution beruht auf Mutation und Selektion. Die Selektion wirft kein Problem auf: Sie orientiert sich an den Überlebenschancen, und was nicht überlebt hat, kann keine Nachkommen mehr hervorbringen. Um zu

19 Franz M. Wuketits, Evolution. Die Entwicklung des Lebens 3. Aufl. 2009 S. 80 f.

überleben, bedarf es der Anpassung sowohl an die äußeren Lebensbedingungen des Lebewesens als auch an dessen inneren »Bauplan«, den strukturellen Zusammenhang seiner Organe, wie Franz M. Wuketits überzeugend dargelegt hat.

Selektion setzt voraus, dass es zuvor Mutationen gegeben hat. Die Mutation beruht auf der Voraussetzung, dass es überhaupt Fortpflanzung gibt, dass also Lebewesen Nachkommen erzeugen, die im Wege der Zellteilung heranwachsen. Der Wechsel der Generationen ist die Bedingung des Fortschreitens zu immer komplexeren Lebewesen – vom Einzeller bis zum Menschen.

Wie konnte es zu dieser Vorbedingung der Evolution kommen? Zu sagen: sie erkläre sich durch die Evolution, Mutation und Selektion sei durch Mutation und Selektion entstanden, wäre ja logischer Unsinn.

Sind sie womöglich planvoll zu dem Zweck geschaffen, die Evolution in Gang zu bringen?[20] Diese Frage wird noch drängender, wenn man bedenkt, dass die Evolutionslehre nicht nur die Veränderung der Arten beschreibt, sondern auch die Übergänge von kleinsten Lebewesen zu Pflanzen oder Tieren, von Tierart zu Tierart und schließlich zum Menschen. Gab es da »kategoriale Sprünge«?

Wie Wuketits dargelegt hat, tendiert »die heutige Evolutionsbiologie« dazu, diese Frage zu verneinen: Ursache seien

---

20 Siehe hierzu: Robert Spaemann / Reinhard Löw, Die Frage Wozu? Geschichte und Wiederentdeckung des teleologischen Denkens, 1985. Neuausgabe unter dem Titel: Natürliche Ziele, 2005

Mutationen gewesen, die nach ruhigen Phasen in so rascher Abfolge eintraten, dass sie im Ergebnis sehr grundlegende Veränderungen des Erbgutes zur Folge hatten. Die Frage ist dann: Wie kommt es zu solchen Häufungen? Die Frage, wie aus der Materie unser geistiges Leben hervorgehen konnte, ist also nur verschoben und bleibt so ungeklärt wie zuvor.

Wie erklärt sich das Schöne und Gute?

Die Naturwissenschaft erklärt uns das Böse und Hässliche, insbesondere die Grausamkeiten in der Natur – die großen Fische fressen die kleinen –, mit den Mechanismen der Selektion: Es kommt der Selbstbehauptung der Art zugute. Auf gleiche Weise lassen sich auch der Sexualtrieb und die Sorge für Nachkommen und Rudel plausibel machen.

Doch nach wie vor ungeklärt ist die Frage, wie sich auf der Grundlage dieser Prämissen das Schöne und Gute in der Welt erklären lässt. Und wie lassen sich die vielen darüber hinausgehenden Erscheinungsformen der Liebe erklären? Wie das Gute und Edle? Wie das Schöne in der Natur und unsere Wahrnehmungsfähigkeit dafür? Wie die Wirkung der großen Meisterwerke der Kunst und Musik, die uns zutiefst berühren?

Man nimmt also an: Zufällige Mutationen hätten das materielle Gehirn des Menschen hervorgebracht, und dieses bringe Geist und Kultur hervor. Unsere aufsteigende Ahnenkette vom Einzeller bis zum Menschen sei so beschaffen, dass die Werke z. B. von Platon und Aristoteles, Raffael und Michelangelo, Shakespeare und Goethe, Bach und Beethoven, Kopernikus, Kepler, Newton, Einstein und Heisenberg dabei herauskommen konnten, ebenso wie alle anderen kulturellen Fortschritte im Rechtsleben, in der politischen Aufklärung, im Sozialverhalten und in der wissenschaftlichen Erkenntnis. Die sind ja höchst real. Es gibt das alles in der Welt, obwohl es sich naturwissenschaftlichen Erklärungsversuchen verschließt.

Wie erklärt sich die Ich-Erfahrung?

Wir leben in der ständigen Erfahrung unseres »Ich«, das über den Wechsel von Schlafen und Wachen, von der Kindheit bis zum Alter mit sich selbst identisch bleibt. Auch der Forscher, der gewohnt ist, die Gegebenheiten der Welt als objektiver Beobachter von außen zu betrachten, macht die Ich-Erfahrung in sich selbst. Er muss sie seiner Tätigkeit voraussetzen.

Noch verwunderlicher ist, dass wir mit anderen in eine Ich-Du-Beziehung treten können und dabei voraussetzen müssen, dass auch der andere sich als »Ich« und uns als »Du« erlebt. Dass die Welt so beschaffen ist, legt den Schluss nahe, dass der Schöpfer sich selbst als »Ich« und uns als »Du« erlebt. Davon gehen die Gläubigen aus, die beten oder kontemplieren oder mystische Erfahrungen machen.

Den Naturwissenschaftlern, die so etwas für Humbug halten, bleibt nur, auf die gedankliche Reflexion ihrer Ich-Erfahrung zu verzichten. Stephen Hawking z. B. meint, der Mensch funktioniere wie ein Roboter, allerdings ein so komplexer, »dass wir die zu Vorhersagen seiner Handlungen erforderlichen Rechnungen nicht durchführen können«.[21] Der Mensch sei »nur eine Ansammlung fundamentaler Naturteilchen«.[22] Seine eigene Ich-Erfahrung lässt Hawking einfach außer Betracht.

Ist der Mensch durch Zufall entstanden?

So erstaunlich die biologische Evolution vom Einzeller bis zum Menschen in all ihren Schritten ist, noch erstaunlicher ist das Zusammentreffen von eigentlich ganz unwahrscheinlichen Umständen, die die Evolution auf diesem Planeten überhaupt erst ermöglicht haben.

Z. B. muss ein von Menschen bewohnbarer Planet gleichbleibend warme Verhältnisse haben, in denen die Ozeane weder kochen noch komplett vereisen. In unserem Sonnensystem gibt es das nur für die Erde. Die elliptische Planetenbahn darf nur eine sehr geringe Abweichung von der Kreisform haben, sonst sind die jahreszeitlichen

21 Stephen Hawking, Der große Entwurf, Eine neue Erklärung des Universums, 2010, S. 175
22 a.a.O. S. 177

Schwankungen zu stark. Voraussetzung dafür ist, dass die Erde nur einen Mond hat und dass dieser sich noch nicht zu weit von der Erde entfernt. Die Neigung der Erdachse relativ zur Umlaufbahn ist gerade richtig. Gleiches gilt für die Beziehung zwischen der Sonnenmasse und der Entfernung zur Sonne.

Die Umlaufbahnen der Planeten müssen mindestens einige 100 Millionen Jahre stabil bleiben, sonst stürzt der Planet spiralförmig in die Sonne oder trudelt weg. Das Gleichgewicht zwischen innerem Druck und Gravitation in der Sonne muss genau stimmen, sonst fliegt die Sonne auseinander oder stürzt zu einem schwarzen Loch zusammen. Die Elemente, aus denen unser Körper besteht, entstanden in Sternen, die wie Hochöfen wirkten, wurden dann mit der Explosion zur Supernova ins All hinausgeschleudert und kondensierten schließlich in Sonnen und Planeten. Wäre die schwere Kernkraft im frühen Universum schwächer gewesen, hätte sich der Wasserstoff in Helium verwandelt, und es wären keine Sterne entstanden. Wäre sie stärker gewesen, hätte sich der Kohlenstoff nicht ausbreiten können – und so fort.

Hawking spricht von »Feinabstimmung« und sagt: »Verändern Sie die Regeln unseres Universums nur ein klein wenig, und die Bedingungen unserer Existenz sind dahin!«.[23] Und: »Unser Universum und seine Gesetze scheinen ex-

23 a.a.O. S.158

akt auf die Möglichkeit unserer Existenz zugeschnitten zu sein.«[24]

Das alles legt nahe, dass nicht nur Wirkursachen, sondern auch Zweckursachen eine Rolle gespielt haben. Doch diese Vermutung rührt an das »weltanschauliche« Grundverständnis mancher Naturwissenschaftler. Denn Zweckursachen setzen ein denkendes Subjekt voraus, das eine Absicht verfolgt, also einen göttlichen Schöpfer. Um diese Möglichkeit auszuschließen, müsste sich die »Feinabstimmung« allein durch Wirkursachen und somit durch Zufall erklären lassen. Das versucht Hawking mit folgendem Argument: Es gebe »vielleicht« 10^{500} Universen.[25] Bei einer derart gigantischen Zahl habe es auch einmal zu einem so fein abgestimmten Universum wie dem unsrigen kommen können, also durch puren Zufall. Das sei »die Antwort der modernen Naturwissenschaft«.[26]

Gewiss, das galt lange Zeit als »modern«, und die Möglichkeit lässt sich nicht mit hundertprozentiger Sicherheit ausschließen. Auch wenn man einen Sack mit Buchstabenplättchen ausschüttet, könnten sich diese zufällig zum Prolog des Johannes-Evangeliums zusammenfügen. Das ist möglich, aber nicht wahrscheinlich. Und wir haben keine Anhaltspunkte für die Annahme, dass es 10^{500} Universen gebe.

24 a.a.O. S.161
25 a.a.O. S. 119
26 a.a.O. S. 162

Warum gibt es überhaupt etwas?

Und nicht vielmehr nichts? Der Astrophysiker Stephen Hawking meint: »Da es ein Gesetz wie das der Gravitation gibt, kann und wird sich das Universum ... aus dem Nichts erzeugen. Spontane Erzeugung ist der Grund, warum etwas ist und nicht einfach nichts, warum es das Universum gibt, warum es uns gibt«.[27] Die Gravitation habe die Massen vor 13,7 Milliarden Jahren an einem bestimmten Ort mit so unvorstellbarer Hitze zusammengezogen, dass es zum Urknall kam.

Hawking macht hier ganz unbekümmert die Voraussetzung: Es gab zuvor schon Gravitation und Massen, auf die die Gravitation wirken konnte, Zeit, Raum, Temperatur und Kausalität. Wie ist das alles entstanden? Hawking meint: »Die Philosophie ist tot ... Jetzt sind es die Naturwissenschaftler, die mit ihren Entdeckungen die Suche nach Erkenntnis voranbringen.«[28] Doch er lässt den Erkenntnis Suchenden ratlos zurück: »Da steh ich nun, ich armer Tor, und bin so klug als wie zuvor.« Die Physik beantwortet nicht die Grundfragen der Metaphysik.

27 Stephen Hawking, a.a.O. S. 177, sowie S. 130 ff.
28 a.a.O. S. 11

Welche Zukunftsperspektiven haben wir?

Die Geschichte der biologischen Evolution zeigt uns ein Fortschreiten vom Einzeller bis zu immer komplexeren und differenzierteren Organisationsformen und schließlich zur menschlichen Kulturfähigkeit. Es gibt keinen Grund anzunehmen, dass dieser Fortschritt ans Ende gekommen sei. Damit wird sich auch unsere Fähigkeit zur Erkenntnis der Weltzusammenhänge weiterentwickeln.

Auch Naturwissenschaftler sprechen von einer »Evolution der Erkenntnis«.[29] Auch sie gehen davon aus, dass künftige Generationen eine Erkenntnisfähigkeit erlangen werden, von der wir Heutigen uns noch gar keine Vorstellung machen: Wir könnten nicht wissen, was sie erst später wissen werden, sonst wüssten wir es schon heute. Wir könnten nur für wahrscheinlich halten, dass sich die bisherigen Entwicklungstendenzen fortsetzen. Denn es gebe keinen Anhaltspunkt dafür, dass sie sich umkehren oder einfach aufhören.

Wladimir Sergejewitsch Solowjow (1853–1900) begrüßte die Evolutionslehre, weil sie zeigt, dass »die geistige Kraft im Verhältnis zur materiellen Substanz nicht eine gleichblei-

---

29 Grundlegend siehe: Gerhard Vollmer, Evolutionäre Erkenntnistheorie, 1975; Rupert Riedl, Franz M. Wuketits (Hg.) Die evolutionäre Erkenntnistheorie, 1987

bende, sondern eine wachsende Größe« ist.[30] Diesen Gedanken finden wir seither bei vielen bedeutenden Religionsphilosophen und Theologen, z. B. bei Henri-Louis Bergson, Nikolai Berdjajew, Jacques Maritain, Yves Congar, Henri de Lubac, Pierre Teilhard de Chardin. Auch bei dem jungen Joseph Ratzinger lesen wir, »dass der personale Geist der Sinn der ganzen Weltwirklichkeit« und »das Ende der Welt nicht schlechthinniges Aufhören, sondern Teilhabe an der Vollendung des Geistes ist«. Denn die Vollendung des Menschen sei »als werdende Vollendung zu verstehen«.[31]

Dann bleibt die Frage, ob wir alle an der werdenden Vollendung des Menschen teilhaben können oder nur unsere fernen Nachfahren. Setzt die Seele nach dem Sterben ihre Entwicklung im »Jenseits« fort? Oder werden wir durch mehrere Inkarnationen hindurch der Vollendung nähergeführt? Und wenn Leben auf der Erde nicht mehr möglich sein sollte, können wir unsere Entwicklung auf anderen Planeten im Universum fortsetzen? Ist »Auferstehung« gleichbedeutend mit »Vollendung des Menschen«?

Wenn man Fragen solcher Art ernst nimmt, steht die Religion erst am Anfang ihrer Entwicklung. Dann wird es in ferner Zukunft die Kluft zwischen Naturwissenschaft und Glauben nicht mehr geben. Dazu will dieses Buch einen Beitrag leisten.

---

30 Wladimir Solowjow, Deutsche Gesamtausgabe, Ergänzungsband 1977 S. 161 ff.
31 Lexikon für Theologie und Kirche 1. Aufl. 1958, S. 1050

Der Flügelschlag Gottes

Das weltweit erste gefilmte Engel-Interview

Millionen von Menschen glauben an die Existenz von Engeln. Gibt es sie wirklich? Und wenn ja, wie sind sie und was haben sie uns zu sagen?

Die Filmemacher versuchen sich objektiv diesen Fragen zu nähern, indem sie Deutschlands bekannteste Engeldolmetscherin Alexa Kriele in ihren Engelstunden besuchen und ganz erstaunliche Erfahrungen machen.

Denn den Engeln ist kein Thema fremd. Ob Beziehung, Familie, Fragen zum Dasein der Menschen, Religion, Politik und Wirtschaft es gibt keine Frage, auf die die Engel nicht antworten können. So einleuchtend, aufklärend, hilfreich

und heilsam wie sie kann wohl sonst niemand antworten.

Dieser Dokumentarfilm ist eine unvoreingenommene Entdeckungsreise in eine uns unbekannte Dimension, die neugierig macht und die essentielle Wahrheiten und brisante, neue Erkenntnisse über das Leben offenbart.

www.der-fluegelschlag-gottes.com

Um die ganze Welt des GOLDMANN
Body, Mind & Spirit Programms
kennenzulernen, besuchen Sie uns doch
im Internet unter:

www.goldmann-verlag.de

Dort können Sie
nach weiteren interessanten Büchern *stöbern*,
Näheres über unsere *Autoren* erfahren,
in *Leseproben* blättern, alle *Termine* zu Lesungen und
Events finden und den *Newsletter* mit interessanten
Neuigkeiten, Gewinnspielen etc. abonnieren.

Ein *Gesamtverzeichnis* aller Goldmann Bücher finden
Sie dort ebenfalls.

Sehen Sie sich auch unsere *Videos* auf YouTube an und
werden Sie ein *Facebook*-Fan des Goldmann Verlags!

www.goldmann-verlag.de
www.facebook.com/goldmannverlag